TORONTO MEDIEVAL LATIN TEXTS

*General Editor*     A.G. Rigg, University of Toronto
*Editorial Assistant*   Anna Burko
*Editorial Board*     L.E. Boyle O.P., Pontifical Institute of Mediaeval Studies
                      P. Godman, Pembroke College, Oxford
                      Janet Martin, Princeton University
                      A.B. Scott, Queen's University, Belfast
                      R.J. Tarrant, Harvard University
                      M. Winterbottom, Worcester College, Oxford

# The Oxford Poems of Hugh Primas and the Arundel Lyrics

edited from
BODLEIAN LIBRARY MS. RAWLINSON G.109
and BRITISH LIBRARY MS. ARUNDEL 384
by
C.J. McDONOUGH
Trinity College, University of Toronto

Published for the
CENTRE FOR MEDIEVAL STUDIES
by the
PONTIFICAL INSTITUTE OF MEDIAEVAL STUDIES
Toronto

Canadian Cataloguing in Publication Data

Hugo Primas Aurelianensis, ca. 1093 - ca. 1160.
　　The Oxford poems of Hugh Primas and the Arundel lyrics

(Toronto medieval Latin texts, ISSN 0082-5050 ; 15)
Text in Latin with notes in English.
Text edited from Bodleian Library Ms. Rawlinson G.109, and British Library Ms. Arundel 384.
Bibliography: p.
ISBN 0-88844-465-6

I. McDonough, Christopher James, 1942-
II. Bodleian Library. Manuscript. Rawlinson G.109.
III. British Library. Manuscript. Arundel 384.
IV. University of Toronto. Centre for Medieval Studies.　V. Pontifical Institute of Mediaeval Studies.　VI. Title.　VII. Title: Arundel lyrics.
VIII. Series.

PA8347.H77A17　1984　　871'.03　　C84-098407-3

Printed and bound in Canada by John Deyell Company

© 1984 by
The Pontifical Institute of Mediaeval Studies
59 Queen's Park Crescent East
Toronto, Ontario, Canada M5S 2C4

*For Hanna*

PREFACE

The Toronto Medieval Latin Texts series is published for the Centre for Medieval Studies, University of Toronto, by the Pontifical Institute of Mediaeval Studies. The series is intended primarily to provide editions suitable for university courses and curricula, at a price within the range of most students' resources. Many Medieval Latin texts are available only in expensive scholarly editions equipped with full textual apparatus but with little or no annotation for the student; even more are out of print, available only in libraries; many interesting texts still remain unedited.

Editions in this series are usually based on one manuscript only, with a minimum of textual apparatus; emendations are normally made only where the text fails to make sense, not in order to restore the author's original version. Editors are required to select their manuscript with great care, choosing one that reflects a textual tradition as little removed from the original as possible, or one that is important for some other reason (such as a local variant of a text, or a widely influential version). Manuscript orthography and syntax are carefully preserved.

The Editorial Board is not merely supervisory: it is responsible for reviewing all proposals, for examining all specimens of editors' work, and for the final reading of all editions submitted for publication; it decides on all matters of editorial policy. Volumes are printed by photo-offset lithography, from camera-ready copy typed on an IBM Composer.

As General Editor, I would like to thank the Centre for Medieval Studies and its Directors, past and present, for their continuing support and encouragement at all stages in the development of the series.

A.G.R.

## ACKNOWLEDGMENTS

This book owes much to the generous encouragement and help of Leonard Boyle O.P., George Rigg, and Richard Tarrant. I am also indebted to Professor Dr. Dieter Schaller for advice on the metre of the Arundel Lyrics; to Dr. Rolf Lenzen, who kindly sent me a copy of his dissertation; to Professors A.-M. Bautier (Comité du Cange) and Theresia Payr (*Mittellateinisches Wörterbuch*) for providing me with lexical information; to the Bodleian Library, Oxford, for permission to use Rawlinson G.109, and to the British Library for similar permission to reproduce Arundel 384; finally, to Anna Burko, whose expert guidance on the making of this book has been much appreciated.

C.J.M.

This book has been published with the help of a grant from the Canadian Federation for the Humanities, using funds provided by the Social Sciences and Humanities Research Council of Canada, whose support is acknowledged with thanks.

## CONTENTS

| | |
|---|---|
| Introduction | 1 |
| Bibliography | 19 |
| List of Editions | 23 |
| The Oxford Poems of Hugh Primas | 27 |
| The Arundel Lyrics | 73 |
| Textual Notes | 120 |
| Glossary (Latin) | 127 |
| Old French Glossary | 129 |

INTRODUCTION

The compilation of Latin poetic anthologies was a common literary phenomenon in the Middle Ages and the two collections presented in this edition occupy an important place in the poetic achievement of the twelfth century.[1] Of the twenty-three poems claimed for Primas, no fewer than twelve are unique to Bodleian Library MS. Rawlinson G.109 (*R*), which since their discovery and publication by Wilhelm Meyer in 1907 have become known as the Oxford poems.[2] Within a year there followed the same scholar's edition of the poetic miscellany contained in London, British Library, MS. Arundel 384 (*A*), which remains the sole source for almost half of the items found therein.[3]

It is no exaggeration to state that many of the poems by Primas have helped to shape the modern conception of what has been termed Goliardic poetry: the poet's lament to a world indifferent to his poverty and rootless existence, scurrilous attacks on members of the church establishment, a cautionary tale on the dangers of drink and gambling, and witty asides on sexual matters. They have not, it would appear, lost their power to scandalize, for a mere fifty years ago, in a comment more revealing of the sensibility then prevailing than of the poetry itself, the historian Reginald Poole was moved to dismiss them as 'a series of unsavoury compositions' which 'would undoubtedly have justified his [i.e. the poet's] expulsion from any decent society.'[4] The love-poems among the so-called Arundel Lyrics, on the other hand, have been widely admired for their complex and formal perfec-

1  A. Boutemy, 'A propos d'anthologies poétiques au XIIe siècle,' *Revue belge de philologie et d'histoire* 19 (1940) 229-33; A.G. Rigg, 'Medieval Latin Poetic Anthologies (1),' *MS* 39 (1977) 281-5
2  *Oxforder Gedichte* (see Bibliography; all references are to the reprint of 1970). Some sense of the excitement at the discovery can be found in P.S. Allen, *Medieval Latin Lyrics* (Chicago 1931) pp. 241f.
3  Meyer, *Arundel Sammlung* (see Bibliography; references are again to the reprint of 1970).
4  *Studies* pp. 232-3. On the origins and growth of the myth surrounding the Goliards and 'wandering scholars' cf. Mann, 'Satiric Subject' pp. 63f.; Jackson, *Interpretation* pp. 2-3.

tion. The conventional announcement of the advent of spring often forms the point of departure for a meditation on the joys and sorrows of love gained or thwarted. The language and mythological decoration which describe the power of love on the cosmos and the individual owes much to Ovid and, not surprisingly, in view of his popularity in twelfth-century literary and philosophical circles, to Martianus Capella.

## Hugh Primas

No definitive answer can be given regarding the identity of Primas. An early notice in an addition made to Richard of Poitiers' *Chronicle*, written about 1171, associates a certain Hugh, known to his peers as Primas, with Orléans; it records the widespread acclaim given to this humorous and talented poet who was in Paris in 1144 or 1145:[5]

His etenim diebus viguit apud Parisius quidam scolasticus, Hugo nomine, a conscolasticis Primas cognominatus, persona quidem vilis, vultu deformis. Hic a primeva etate litteris secularibus informatus propter faceciam suam et litterarum noticiam fama sui nominis per diversas provincias resplenduit. Inter alios vero scolasticos in metris ita facundus atque promtus extitit, ut sequentibus versibus omnibus audientibus cachinum moventibus declaratur, quos de paupere mantello sibi a quodam presule dato declamatorie composuit: De Hugone lo Primat Aureliacensi (sic): "Hoc indumentum tibi quis dedit? An fuit emptum?".[6]

Other authorities, such as John of Salisbury and Henri d'Andeli, refer to Primas of Orléans, while Alexander Neckham mentions a Hugh Primas, though he does not connect him with Orléans.[7] To this man the twenty-three poems grouped at the head of Bodleian Rawlinson G.109 have long been attributed and they constitute the greater part of his canon.

The manuscript was written sometime in the twelfth or early thir-

---

5 For these dates cf. Poole, *Studies* p. 232.
6 Text in MGH *Scriptores* 26, p. 81; cited in Rigg, 'Golias' p. 73
7 The most recent survey of the bibliography, testimonia, and MS evidence for Hugh's poetry can be found in Rigg, 'Golias' pp. 72-81.

teenth century.[8] The six sections of which it is composed were originally written as separate booklets before their compilation into a single volume. Three different hands can be distinguished. This anthology is poetic except for the final unit. Part 1 includes 150 poems of varying lengths, Parts 2 and 3 contain verse mainly from Simon Chèvre d'Or, Part 4 reproduces the *metra* from Bernard Silvestris' *Megacosmus*, and Part 5 Ovid's *Remedia amoris* and his epistles *Ex Ponto*. The final part has an incomplete version of Ranulph Glanville's *De legibus Anglie*.

The poems in the first part deal for the most part with France, and it is a reasonable inference that they were written in France and subsequently brought to England where they were copied by the scribe of Rawlinson G.109. Since Part 1 has no headings, the problem of which poems are to be attributed to Hugh Primas remains unsolved. The evidence for Hugh's authorship is circumstantial.

Eight of the poems (1, 2, 11, 15, 16, 18, 21, 23) contain the internal signature of Primas; the Troy poems, 9 and 10, Meyer claimed for Hugh on the authority of Richard of Fournival's (d. 1259/60) library catalogue, his *Biblionomia,* and the list of contents in an Erfurt manuscript compiled by the fifteenth-century collector Amplonius; though both items refer to verse on the subject of Troy by Primas, there is no certainty that Richard and Amplonius were referring to the poems in Rawlinson G.109. Still others, such as 12 and 14, were attributed to Primas by other manuscripts. The intervening poems have been assigned to the same author by inference from their grouping within the manuscript. For Meyer assumed that the scribe would not have collected these specific poems together, had he not had as his source poems from one author. The absence of decisive external testimony is doubly unfortunate, for there is neither anything sufficiently idiosyncratic about the construction of his verse nor any particular internal stylistic features which could serve to identify with certainty a poem of Primas.[9]

---

8 A full description of the contents of the MS is now available in Rigg, 'Poetic Anthologies (IV).'
9 Meyer, *Oxforder Gedichte* pp. 7f.; for scepticism about Meyer's reasoning cf. Rigg, 'Golias' pp. 77-81. Other poems attributed to Primas are printed in Lehmann, *Mittellateinische Verse* pp. 8-12.

The personal details concerning Primas offered in the various testimonies do not amount to much and they were influenced, in all probability, by the poems themselves. The biographical data in these cannot be taken at face value, for the self-references he chooses to make in his role as the performer of his poems necessarily involve a degree of distortion.[10] Fully a third of his work contains such references to himself; some aim to evoke sympathy, yet others are humorous and self-depreciating in tone.

Various historical characters have been descried in this allusive poetry: Arnulf of Orléans (1.1), Imar of Montierneuf (4.6), Otto of Freising (18.86), and even Abelard (18.97f.). However, the sole figure who can be identified with any certainty is Master Alberic, the noted teacher of theology in the cathedral school of Reims. After a distinguished career in the school, he was promoted to the see of Bourges, where he remained until his death in 1141. Poem 18, a celebration of Alberic and his school as the crowning glory of Reims, must then have been written before his elevation. The bishop of Beauvais attacked in 16.1-58 could be either Odo III (1144-9) or Henry of France, the brother of King Louis VII, who was summoned to the bishopric from the cloister at Clairvaux in late 1149. In either case, Hugh of Toucy must be the recipient of the encomium in the same poem, the archbishop of Sens from 1142 for over twenty years. The epigram (13A) of thanks to Boso may have been for the bishop of Châlons-sur-Marne from 1153 to 1162; the time and place put him in Hugh's orbit.

The authorities repeatedly link Primas with Orléans, which enjoyed a reputation as a vigorous centre for the study of classical authors in the twelfth century. Certainly, Hugh's poetry with its familiarity and deft integration of the works of Horace, Virgil, and Ovid provides additional evidence to support such claims. This city and its environs nurtured a tradition of producing commentaries on classical writers. Arnulf produced glosses on Lucan and devoted much energy to expounding the various works of Ovid.[11] This schol-

---

10 For sensible comments on the role of the medieval artist cf. M. Stevens, 'The Performing Self in Twelfth-Century Culture,' *Viator* 9 (1978) 193-212.
11 B.M. Marti, *Arnulfi Aurelianensis glosule super Lucanum* (Rome 1958) XV; F. Ghisalberti, 'Arnolfo d'Orléans, un cultore di Ovidio nel secolo XII,' *Memorie del reale Istituto Lombardo di scienze e lettere* 24 (1932) 157-234.

arly activity was continued by William of Orléans[12] and there is evidence to suggest that the so-called 'Vulgate' commentary on Ovid's *Metamorphoses* emerged from the same area.[13] Modern scholarship, through the investigation of the origin and circulation of manuscripts, has further documented and verified Orléans' interest in the classical past.

Some idea of the riches contained in the libraries of Orléans has been gained from the contents of two of the most influential *florilegia* in the Middle Ages, the *Florilegium Angelicum*[14] and the *Florilegium Gallicum*,[15] both of which were compiled in or near Orléans in the latter half of the twelfth century.

The former, a miscellany of extracts from prose works, includes classical (Seneca and Pliny) and patristic (Jerome and Gregory) letters, Macrobius' *Saturnalia,* and excerpts from less well-known authors such as Censorinus. Upon this collection Gerald of Wales was dependent for a good number of his quotations.[16] The *Florilegium Gallicum,* in addition to its citation of prose authors from Cicero to Petronius, assembles a wealth of poetic material from the works of Virgil, Horace, Ovid, Tibullus, Lucan, Persius, and Juvenal, among pagan authors, and, from a Christian milieu, the *Psychomachia* of Prudentius.[17]

Orléans, too, was the source for the dissemination of the much rarer texts of Cicero's *Posterior Academics* and the *De finibus.*[18] Of

12 H.-V. Shooner, *'Bursarii Ovidianorum'* pp. 405-24
13 F.T. Coulson, 'A Study of the "Vulgate" Commentary on Ovid's *Metamorphoses* and a Critical Edition of the Glosses to Book 1' (Ph.D. diss. Toronto 1982)
14 R.H. and M.A. Rouse, 'The *Florilegium Angelicum:* Its Origin, Content, and Influence' in Alexander and Gibson, *Medieval Learning and Literature* pp. 66-114; Munk Olsen, 'Classiques latins' pp. 103-8
15 J. Hamacher, *Florilegium Gallicum: Prolegomena und Edition der Exzerpte von Petron bis Cicero,* De oratore (Bern 1975); R. Burton, *Classical Poets in the* Florilegium Gallicum, Lateinische Sprache und Literatur des Mittelalters 14 (Frankfurt-am-Main 1983); Munk Olsen, 'Classiques latins' pp. 75-83
16 A.A. Goddu and R.H. Rouse, 'Gerald of Wales and the *Florilegium Angelicum,*' *Speculum* 52 (1977) 488-521
17 R.H. Rouse, *'Florilegia* and Latin Classical Authors in Twelfth- and Thirteenth-Century Orléans,' *Viator* 10 (1979) 131-60
18 R.H. and M.A. Rouse, 'The Medieval Circulation of Cicero's *Posterior Academics* and the *De finibus bonorum et malorum'* in *Medieval Scribes, Manu-*

more immediate interest for the poems of Primas has been the discovery of numerous lexicographical notes, written by a thirteenth-century Orléanais scholar in the margins of Bern Burgerbibliothek MS. 276; among them are extracts from Donatus' commentary on Terence, a work from which Hugh Primas also drew material to serve his own poetic ends.[19]

The Oxford Poems

Poem 1 tells a story of drinking, deceit, and gambling; told with wry humour, it depicts an occasion which could aptly have as a heading Ovid's conclusion on the treacherous age of iron: 'non hospes ab hospite tutus' (*Met.* 1.144). It is a tale often recounted in the poetry of the time. 2 is the first of several short pieces on the subject of cloaks (cf. **12, 13B, 19, 20A, 20B**). The theme of Orpheus' descent into the underworld in search of Eurydice was a popular one with medieval poets, who often found in it matter for their allegories;[20] 3, however, which almost certainly lacks an ending, recites the classical story with little intrusion of the medieval milieu. Traditional elements of the *propempticon* make up 4, where the poet declares his own terror of sea-travel as a pendant to the fears expressed for the safety of his friend in the first half of the poem.[21] 5 is a brief, spare rehearsal of the biblical version of Lazarus and the rich man (Luc. 16:19-31), a subject, no doubt, of some concern for poor poets and a salutary warning to prospective patrons. 6 and 7 are companion pieces, as the situation depicted and the verbal responses make clear; the former details the poet's anguished state of mind as he appeals to his mistress

scripts, and Libraries: Essays Presented to N.R. Ker, ed. M.B. Parkes and A.G. Watson (London 1978) pp. 333-67
19 M.D. Reeve and R.H. Rouse, 'New Light on the Transmission of Donatus's *Commentum Terentii,*' *Viator* 9 (1978) 235-49; Billerbeck, 'Spuren von Donats Terenzkommentar'
20 See Dronke, 'Return of Eurydice'; K. Heitmann, 'Typen der Deformierung antiker Mythen im Mittelalter am Beispiel der Orpheussage,' *Romanistisches Jahrbuch* 14 (1963) 45-77.
21 For a classical analogue cf. Horace *Od.* 1.3 and the discussion of it by F. Cairns, *Generic Composition in Greek and Roman Poetry* (Edinburgh 1972) pp. 232-5; for a medieval example cf. A.B. Scott, 'Some Poems Attributed to Richard of Cluny' in Alexander and Gibson, *Medieval Learning and*

Flora to return. In answer, 7 establishes a more philosophic attitude as the rapacity and inconstancy of woman are set out.[22] A passage from Terence's *Eunuchus* (ll. 934-9)[23] provides the text for poem 8, a satire directed against the mores of a *meretrix;* fastidious and haughty when visiting a client in his home, where every effort has been made for her comfort, she returns home to a life of squalor and deprivation. The Trojan War and its aftermath form the subject of 9 and 10; 9, which may be part of a larger composition, is a self-contained episode on the often-treated theme 'iam seges est ubi Troia fuit,' narrated from the perspective of one of the Greeks, possibly Ulysses. The impulse for 10 originated with Horace's recreation of Ulysses' encounter with the seer Teiresias *(Sat.* 2.5).[24] This framework, however, is the basis for a poem which is totally different in tone and purpose from the original; central to it is the long description and praise of Penelope's chastity. 11 returns the reader from the legendary past to the present, with the poet's sardonic injunction to a bishop to elevate his drinking habits to the exacting standards he has established for himself in matters of food and sex. 14 directs that water never be added to wine. 15 documents the bad faith and violent assault of a deacon on the poet; the incident is recalled and replayed at different stages in vivid episodes which capture the breathlessness and fear experienced by the aging poet. Poem 16 is a document of great interest, as it is a bilingual composition of Latin and Old French. At bottom, it is a begging poem, a request for a gift of oats and hay to feed the poet's horse. Yet no one could guess this as the poet embarks on his severe denunciation of the people of Beauvais for their inept choice of a former monk as their new bishop. In contrast, the clergy and citizens of Sens selected as their archbishop a native son, a man of exemplary generosity. This prelate's charity

---

*Literature* pp. 181-99 at 195-6.
22 Cf. Meyer, *Oxforder Gedichte* p. 53; Dronke, *ML and Rise of Love-Lyric* II, 363.
23 First noted by Curtius, 'Musen im Mittelalter' p. 132 n. 4.
24 Another poem showing knowledge of this Horatian satire can be found in P. Lehmann, 'Eine Sammlung mittellateinischer Gedichte aus dem Ende des 12. Jahrhunderts,' *Historische Vierteljahrschrift* 30 (1935) 50. For the popularity of epic themes from classical antiquity in both Latin and vernacular literature in 12th-C. France cf. Topsfield, *Chrétien de Troyes* p. 9.

8 Introduction

will be the subject of the poet's encomium, in the hope of gaining food for the horse which his benefactor gave him on a previous visit to Sens. A short note to a patron follows, explaining the poet's absence from an appointment to ride out. Eulogy and invective again form the content of 18, as the poet confers on Amiens, for its charitable conduct towards him when he was down and out, the distinction of close association with Reims. In this matter, the poet portrays himself as the spokesman for Reims, which counts among its many glories the celebrated school of Alberic, a bastion of Christian orthodoxy. In conclusion, Primas gives warning to a heretic in their midst to be silent or face death. The giving of gifts is dwelt on in the good-natured and witty epigrams 21 and 22. Primas' best known work concludes this miscellany; again it is a sad story of duplicity and physical abuse dealt to the old poet. It is a tale within a tale; the first relates the hypocritical conduct of a chaplain who defrauded the poet of his possessions and then ejected him to a life of wandering. To the brothers among whom he has previously lived, he appeals for forgiveness for abandoning their community and pleads for readmission after confessing his error and pointing to the desperation of his situation. The cause of his expulsion by the chaplain is set out in the second half of the poem. The poet had gone to the aid of a cripple who had been attacked by the members of the church where Primas was resident. For interfering, he was cast out and forbidden to return by the chaplain, whom the poet had previously thought of as a friend. The poem ends with a call for judgement on his persecutor and his unchristian behaviour.

    The condition of the poet portrayed in the epigrams and longer rhymed poems is that of a performer dependent for his essential needs on the charity of church officials. Food, shelter, and clothing are recurring themes. Among his benefactors Primas counted the archbishop and archdeacon of Sens, the bishops of Amiens and, possibly, Châlons-sur-Marne, as well as the cathedral chapter of Paris. If Primas was employed as a teacher at a cathedral school, it was clearly not enough to support him and the poems point to a nomadic existence in search of powerful and wealthy patrons in whose presence he could recite his compositions.

    The sense of immediacy the modern reader feels when confronted by these personal poems reflects the liveliness which surely attended their performance by the poet in bishop's palace or patron's home. They are not, however, the naive creation of the free spirit which the Goliardic poet is popularly imagined to be and which the fluent and simple rhymes might suggest. Primas skilfully deploys a number of devices to generate this vivacity. Thus in **16.125 f.** the poet contrives a rude interruption from a member of his audience doubting his ability to compose an eloquent panegyric for his patron, a charge Primas hotly disputes. Indeed, earlier in the same poem (**16.65-8**), the poet concludes his advice to Beauvais by using the vernacular to address one of the bystanders. In the course of poem **18** the poet-performer acts as the imperious spokesman for Reims and increasingly identifies himself with the members of the cathedral school against the dangerous heretic in their midst. The audience is again manipulated in **23.95 f.** as a means of introducing the crucial incident which explains the impasse in which the poet finds himself; when asked if they want to know the cause of the poet's expulsion, they are made to reply with a proverb, the words of which underscore the tension between the hapless condition of the Primas depicted in the poem and the skills of the poet as a creator of that portrait (**23.100-1**). Along with this sophistication goes the integration into his verse of the words of classical and biblical authors to express his views.

In short, Primas often takes himself as the subject of his own work, sometimes presenting himself as a pathetic character who is unjustly assaulted and humiliated in his old age (**15, 23**), other times becoming the acerbic critic who attacks dangers to church or school (**16, 18**).

*The Arundel Lyrics*

British Library MS. Arundel 384 (*A*) is mainly composed of prose works, such as sermons on passages drawn from the Old and New Testaments and the *Moralitates* of Robert Holcot. These are followed by a version of the 'pseudo'-Ovidian *Vetula* and the poems variously referred to as the Arundel Lyrics or Songs. The collection ends with extracts from Cicero's *De officiis,* a treatise on the use of the astrolabe, and an alphabetical index to Boethius' *De consolatione philosophiae.*[25]

---

25 *Catalogue of Manuscripts in the British Museum,* n.s. vol. I (London 1834), pt. 1: *The Arundel Manuscripts,* p. 112

The lyrics were written out, in an English cursive hand of the late fourteenth century, as prose, though in places punctuation signals the rhymes. The spaces for a decorated initial clearly mark the beginning of each poem; the exception is poem 3 which, after a little space, is recorded on the same line of prose where poem 2 ends. The poems may be classified under three headings: numbers 1-16 and 25 are love songs, 17-23 Christmas poems. The poems of the final group deal with the state of the Church and its functionaries; 24 and 26 are attacks on ecclesiastical corruption in general, whereas 25 and 27 deliver, respectively, a broadside against a particular bishop (discovered by Bernhard Bischoff[26] to be Manasses, the bishop of Orléans from 1146 to 1185) and high praise for the virtues of an English prelate (who remains unidentified). Of the twenty-eight compositions, no less than twelve are found in *A* alone (1, 2, 3, 5, 6, 7, 9, 11, 13, 15, 16, 24).

The identity of the author of the love lyrics remains a matter of speculation. The names of Abelard[27] and Walter of Châtillon[28] have been suggested, only to be dismissed. Modern scholars, building on the work of Spanke, have settled on Peter of Blois as the most probable candidate. As so often in questions of this kind, this identification has had to rest upon a series of interrelated hypotheses, in the absence of explicit attribution in manuscript or testimonia.

The various stages of this quest may be summarized as follows. In his survey of the poems drawn from the manuscript Vat. lat. 4389, Bischoff concluded that all derived from the same pen.[29] In a review of this article,[30] Spanke was drawn by the presence of two poems from the Vaticana in the Arundel miscellany (Vat. ix = Ar. 25, Vat. x = Ar. 12) to explore the remaining Arundel songs for clues which might lead to their author. His discovery that Arundel 7 was an acrostic, spelling out the name *PETRI*, spurred him on to investigate

26 See 'Vagantenlieder' pp. 91-3.
27 H. Spanke, 'Ein unveröffentlichtes lateinisches Liebeslied,' *Speculum* 5 (1930) 431-2
28 Strecker, *Gedichte Walters von Chatillon* p. xiii
29 'Vagantenlieder' pp. 77-8
30 *SMed* 4 (1931) 378-9; on Spanke's confusion regarding the existence of two figures called Peter of Blois and the resolution of this problem, cf. Dronke, 'Peter of Blois' p. 196 and n. 45.

whether a poet named Petrus, writing towards the end of the twelfth century, could be connected with Chartres; for the author of Vat. 5 had recorded a visit he had made to that city, claiming it as his *patria*. These indications pointed Spanke towards Peter of Blois; for there was evidence that he had been resident in the city of Chartres and had composed love poetry in his youth.

More recently, an attempt has been made to distil further historical information from Vat. 1 which would allude to an incident recorded in the correspondence of Peter of Blois, the archdeacon of Bath. The passage in question is as follows:

2. Sed id potest obici,
   quod sermone didici
   loqui nimis duro,
   quod exclusus propriis
   meis parco vitiis,
   aliena curo.

3. Nolunt aures tenere
   nolunt rodi temere
   tam mordaci vero;
   'Excessi' confiteor
   et confessus mereor
   veniam, quam quero.

R.W. Lenzen[31] has interpreted the phrase *exclusus propriis* as an allusion to the poet's dispossession of something he regarded as his own property.[32] Since Vat. 1 and Vat. 5 had the same addressee, the incident referred to must have occurred in Chartres and those responsible for his loss resident there; the latter are confronted by the poet of Vat. 1 on this matter. Support for this reading of Vat. 1.2.4 Lenzen adduced from passages in Peter's letters which attest that he had in fact been prevented by his enemies from taking up a position in Chartres, which he had regarded as his own. The words *exclusus propriis*, then, could refer to Peter's loss of the *praepositura* in

---

31 *Überlieferungsgeschichtliche* pp. 56f.
32 Bischoff had already noted that the phrase could not exclude the meaning of 'verbannt,' 'Vagantenlieder' p. 78 n. 1.

Chartres.[33]

The latest survey claims more than the first sixteen songs of the Arundel collection for Peter of Blois; added are the Christmas hymns 17 and 20, as well as the concluding love song 28.[34] The grounds for the attribution of 1-16 to a single author still remain the formal and verbal parallelism found within the group; the presence of the name *PETRI* in the acrostic 7 and the possible wordplay on the author's name[35] have further contributed to the case for Peter of Blois as the accomplished artist, whose pre-eminent position as a poet was recognized in his own day by Walter of Châtillon.

*Metre*

Arundel

All the Arundel songs are composed in rhythmical verse. This type of verse is made up of regular combinations of stressed and unstressed syllables. If the penultimate syllable of the final word in a line is long, it is accentuated (e.g. *seuèra*); if the penultimate syllable is short, the accent recedes to the antepenultimate syllable (e.g. *uùlnerat*). The system of notation used below follows the method devised by Dieter Schaller.[36]

---

33 See Spanke's review, *SMed* 4 (1931) 380; Lenzen, *Überlieferungsgeschichtliche* p. 57 n. 110, argues against Spanke's interpretation ('I exclude myself and am indulgent to my own particular failings') on the grounds that *propriis meis* is tautological and stylistically inferior. Yet *proprius* with a possessive pronoun is normal Latin usage and here *propriis* emphasizes the contrast with *aliena*. Vat. 1 sts. 1-4 explain the poet's relaxation of his satiric stance as it is inappropriate in a poem of praise for Gauchelinus, the addressee. Vat. 3 st. 3 and Walter of Châtillon 7a st. 13.1-2 tell against Lenzen's view.
34 Dronke, 'Peter of Blois' p. 219 (pp. 215-32 list a bibliography of Peter's poetry); *Medieval Lyric* p. 257. A brief biography of Peter of Blois is contained in Egbert Türk, *Nugae curialium* (Geneva 1977) pp. 124-58.
35 See Dronke, 'Peter of Blois' p. 229; the acrostic *PETRI* may, however, have arisen by pure chance. For such phenomena in hexameter verse, see I. Hilberg, 'Ist die *Ilias* Latina von einem Italicus verfasst oder einem Italicus gewidmet?' *Wiener Studien* 21 (1899) 264-70.
36 'Bauformeln für akzentrhythmische Verse und Strophen,' *MitJ* 14 (1979) 9-21

1. The Arabic numbers denote the number of syllables in the rhythmical line. Lines with proparoxytonic stress, i.e. those with stress at the end of the line on the antepenultimate syllable, are marked by a superscript comma after the number; this comma is omitted for lines with paroxytonic stress, i.e. those with stress at the end of the line on the penultimate syllable.
2. Where the rhythmical line is repeated, a superscript multiplication number, marking the number of repetitions, is placed before the numbers which mark the number of syllables in the line; the multiplication number is marked underneath by a point and is valid up to the line of demarcation or the next multiplication number. Thus Arundel 12.1f.,

> Iam vere fere medio
> ver senescente Marcio
> > Fauonio
> flores mandat,
> quos expandat
> > aëris arbitrio.
> Fert Aprilis
> Aperilis
> > nomen ab officio

is recorded as 8' 8' 4' / $\overset{2}{\cdot}$ 4 4 7', which is an abbreviated formula for 8' 8' 4' / 4 4 7' / 4 4 7'.
3. The refrain is introduced by a superscript R.
4. The rhyme scheme is set out by letters after the numerical description. Thus the example cited above, Arundel 12, is described as follows: 8' 8' 4' / $\overset{2}{\cdot}$ 4 4 7' / aaa / bba / cca. In long rhythmical lines, where there is no rhyme at the caesura, the letter x is used. For example, Arundel 28.1-4,

> Quam velim virginum, si detur opcio?
> consulti pectoris vtar iudicio.
> non vagam animo, non turpem faciam
> thori participem, curarum sociam.

is described as $\overset{4}{\cdot}$ 6' 6' / $\overset{2}{\cdot}$ xa / $\overset{2}{\cdot}$ xb.
5. Capital letters indicate that the rhyme occurs in two or more strophes of the same poem.

Ar. 1: $^2_.$ 7' 6 / $^2_.$ 8 6 / 7' 6 / 7' 8' 4' / 7' 4' 3 / $^2_.$ ab / $^2_.$ cd / ef / egghhf.
Ar. 2: $^4_.$ 7 / $^2_.$ 4' 4' 7 / $^R_.$ $^4_.$ 8' / $^4_.$ a / bba / cca / $^R_.$ DDEE.
Ar. 3: $^{11}_.$ 5' / ababa / $^2_.$ aba.
Ar. 4.1a-b: $^4_.$ 6' / $^2_.$ 6' 4' 3 / $^2_.$ ab / ccd / eed.
  4.2a-b: 6' 6' / $^2_.$ 8' 4' / 6' / aa / bbcc / b.
  4.3a-b: $^2_.$ 6' 6 / 4' 7' 7 / $^2_.$ ab / ccD.
  4.4a-b: $^2_.$ 8' 4' / 7' 7 7' / 7' 4' 3 / $^2_.$ ab / cdc / eed.
  4.5a-b: $^2_.$ 8 8 8' / 7 8' 4' 3 / aab / ccb / deed.
Ar. 5: $^4_.$ 7' 6 / $^R_.$ $^2_.$ 7' 7' / $^4_.$ ab / $^R_.$ $^2_.$ CD.
Ar. 6: $^2_.$ 8' 8' 7 / $^2_.$ aab.    Cf. Ar. 27.
Ar. 7: $^4_.$ 7' / $^2_.$ 8 7' / $^R_.$ 8 8 / $^2_.$ aB / $^2_.$ CB / $^R_.$ CC.
Ar. 8: 7' 4' 7' 4' 7' / 8 7' 8 7' 6 / $^R_.$ $^2_.$ 4' 4' / 4 4 / ababb / cbcbD /
  $^R_.$ $^2_.$ EE / DD.
Ar. 9: $^2_.$ 8 8' / 8 8' 8' 8 / $^R_.$ $^2_.$ 4' 4' 8' / $^2_.$ ab / abba / $^R_.$ $^2_.$ cde.
Ar. 10.1a-b: $^2_.$ 7' 4' / 4 4 6 / aa / bb / ccD.
  10.2a-b: 6' 6' / $^2_.$ 7' 4' 7' 4' 3 / aa / bbccd / ffggd.
  10.3a-b: $^2_.$ 7' 7 / 7' 4' 7 / 7' 4' 7' 4' 3 / $^2_.$ ab / ccd / ffggd.
  10.4a-b: 8' 8' / $^2_.$ 4 4 3' / 4' 7 / aa / bbc / ddc / cF.
Ar. 11: $^2_.$ 8 7' 7' / 8 7' / abb / acc / ac.
Ar. 12: 8' 8' 4' / $^2_.$ 4 4 7' / $^3_.$ a / bba / cca.
Ar. 13: $^2_.$ 8' 8' 7 / $^2_.$ aab.
Ar. 14.1a-b: $^2_.$ 7' 4' / 7' 4 4 7' / $^R_.$ $^2_.$ 4' 8' / aa / bb / cddc / $^R_.$ $^2_.$ ff.
  14.2a-b: 6' 4' 4' 6' / 6' 4' 4' / 8' 4' / 8' 4' 8 / abba / acc / dd / dcc.
  14.3a-b: 4' 4' / 7' 4' / 7' 4' 4' / aa / bb / aab.
Ar. 15: $^2_.$ 4 4 7' / $^2_.$ 7' 6 / 7' 7 / aab / ccb / $^2_.$ de / de / $^R_.$ $^2_.$ 4' 4' 7 /
  $^2_.$ FFG.

Ar. 16: $^2$ 8' 7 / $^2$ 8 8 6 / $\overset{R}{.}$ 4' 7' 4' 7 / 7' 7' 4' 6 / $^2$ ab / ccd / eed / $\overset{R}{.}$ $^2$ FFFG.

Ar. 17: $^4$ 8 6 / 6' 6' 7' 6 / $^4$ ab / cccb.

Ar. 18: $^2$ 8' 8' 7 / $^2$ aab.

Ar. 19: $^3$ 7' 7' / 8' 8' / $^2$ 7' 7' / $^3$ ab / bb / $^2$ ab.

Ar. 20.1a-b: $^2$ 6' 6' / $^2$ 6' 4' 3 / $^2$ ab / ccd / eed.

20.2a-b: 6' 6' / 8' 4' 8' 4' 6' / aa / bbccb.

20.3a-b: $^2$ 6' 6 / 4' 7' 7 / $^2$ ab / ccD.

20.4a-b: $^2$ 8' 4' / 7' 7 3' 4' / 7' 4' 3 / $^2$ ab / cdcc / ffd.

Ar. 21: 7 7 / 6' 6' / 7 6' 7 / $\overset{R}{.}$ $^2$ 4' 4' 7 / aa / bb / abC / $\overset{R}{.}$ $^2$ DDC.

Ar. 22: $^3$ 7' 6 / 6 / 7' 6 / $^3$ xa / a / xa.

Ar. 23: $^3$ 7' / 7' 3' / 7' 3 / $^3$ a / $^2$ xb.

Ar. 24: $^4$ 8 / 7' 7' 7' 6 / $^4$ a / bbba.    Cf. Ar. 26.

Ar. 25: $^2$ 7' 7' 6 / aab / ccb.

Ar. 26: $^4$ 4 4 / 7' 7' 7' 6 / $^4$ xa / bbba.

Ar. 27: $^2$ 8' 8' 7 / aab / ccb.

Ar. 28.1: $^4$ 6' 6' / 6' 4' / 7' 4' / $^2$ xa / $^2$ xb / cc / dd.

28.2: $^4$ 6' 6' / $^2$ xa / $^2$ xb.

28.3: $^4$ 6' 6' / $\overset{R}{.}$ 6 7 7 / $^2$ xa / $^2$ xb / $\overset{R}{.}$ ExE.[37]

---

[37] Lenzen, *Überlieferungsgeschichtliche* pp. 80-81, has noted that in two other MSS in which this poem is found, Cambridge CCC 228 and Auxerre 243, this refrain occurs after v. 6; it probably belongs, therefore, to all strophes.

## Primas

The poetry of Primas includes both rhythmical and quantitative verse. The hexameters and elegiac couplets are invariably rhymed. Primas uses the following types of rhymes in his quantitative verse.

1. *Caudati*
   Hexameters and elegiac couplets with rhyme at the end of the verse only, for example:
   1.1-2: Hospes erat michi se plerumque professus ami*cum,*
   Voce michi prebens plurima, re modi*cum.*
   Primas 15 is introduced by nine hexameters of this kind.

2. *Leonine*
   Hexameters with rhyme at the strong caesura and at the end of the line, for example:
   1.35: Que fuit in *cena* fecunda, loquax, bene *plena.*
   Leonine hexameters can be arranged in several ways; Primas often uses the type called *unisoni,* for example:
   2.1-2: Pontificum *spuma,* fex cleri, sordida *struma,*
   Qui dedit in *bruma* michi mantellum sine *pluma!*
   Primas 14, composed of elegiac couplets, is a further example.

The construction of Primas' hexameters and elegiac distichs deviates little from the norms established by the classical poets. Poems 2-13, 15.1-9, and 19-22 contain 420 hexameters. All contain a strong caesura in the third foot with the exception of 10.22 and 22.2, where a third-foot trochaic caesura is found, reinforced by strong breaks in the second and fourth feet.[38] In the hexameters of the elegiac distichs, a strong third-foot caesura is again the rule, apart from 1.31 and 17.1. The only fact to be remarked concerning the hexameter line ending is the proportionately high incidence of quadrisyllabic

---

38 The figures given by Klopsch, *Einführung* p. 72, for the frequency of a strong fifth-foot caesura in Pr. 3, 9, and 10 are inaccurate. The following table gives the figures for all Primas' hexameters:

|  | No. of verses | Occurrences | Percentage |
|---|---|---|---|
| Hexameters: | 420 | 130 | 30.9 |
| Hexameters (in distichs): | 26 | 6 | 23.1 |

words (10.7%); only six lines conclude with a pentasyllabic word
(1.15, 6.16, 8.14, 9.37, 12.4, 13A.1). The pentameters invariably
have a two- or three-syllable word at the close of the line, apart from
1.10 and 17.2. Following the directives of twelfth-century grammarians, Primas avoids elision almost entirely.[39]

Primas' rhythmical verse is of a much simpler kind than that of the
Arundel Lyrics. After a prologue in quantitative verse, 15 turns to
rhythmical stanzas, for example 15 stanza 2: $\overset{2}{-}$ 8 8 8 8 7' / aaaab /
ccccb (cf. sts. 4 and 5). The structure of the remaining strophes is the
same, varying only in the number of octosyllabic lines. The bilingual
poem 16 is cast for the most part into twelve-syllable lines, usually of
the pattern 6' 6', though variations on this are found, for example
6 6', 6' 6, and 6 6.[40] Like 23, it is formed of blocks of lines, ranging
from four to thirty-six lines, with the same rhyme at the end. 18 falls
into 4 4, with each couplet rhymed; 23 has the same structure of 4 4
throughout.[41]

*Editorial Practice*

This edition transcribes the text of *R* for the poems of Primas and *A*
for the Arundel Lyrics. In both, the readings of these manuscripts are
retained where possible; when the text is deficient because of corruption by the scribe, readings have been imported from other manuscripts, or, when this alternative was not available, the emendations
of previous editors adopted. Information on these matters is recorded
in the section entitled Textual Notes. Words in < > note additions
to restore deficiencies in the manuscript. The symbol † marks corrupt
passages (Pr. 8.10, Ar. 23.9).

The orthography of the manuscripts has been preserved and,
where this may cause confusion, explanations added. Punctuation
and capitalization, however, are editorial. Words sometimes but not
always abbreviated have been expanded to the full form given elsewhere in the relevant manuscript. The letters *u* and *v* are reproduced

---

39 Cf. Klopsch, *Einführung* p. 82.
40 For a discussion of irregularities in 16 cf. Ehlers, 'Zum 16. Gedicht.'
41 On the importance and reasons for rhyme and formal patterns in medieval
  poetry see Burrow, *Medieval Writers* pp. 47f.

18 Introduction

as they appear in the manuscripts. The scribe of *R* used *u* for both vowel and consonant in non-capital letters; I standardize the capital as *V*. Elsewhere the orthography of *R* is instructive in that it reveals the similar sounds in the pronunciation of the letters *s* and *x;* thus *iuxta* is copied as *iusta* (Pr. 3.12), *ligustris* as *ligustrix* (Pr. 9.2), and *melos* as *melox* (Pr. 15.44), to cite a few examples.[42] *A,* however, consistently places *v* as vowel or consonant at the start of words, whereas *u* is used within them; this results in forms, perhaps startling to modern readers, such as *vt, vrere,* and *vue.* Further, in *A* the spelling *hiis* is consistently employed and is here reproduced; for the sake of the rhyme, it must be pronounced as a monosyllable.

*A,* written in a round cursive script, is difficult to read, as Meyer has already noted in his comments on Wright's report of some of the poems.[43] For example, at Ar. 3.15 the stroke of the *f* in *refero* contains a slight mark in its middle but it is not as clear as it is in the formation of the scribe's other *f*s. Where I have differed from Meyer I have done so hesitantly: thus at Ar. 1.87 both sense and rhyme demand *Choronis,* but *A* records *choroni;* at 9.48 *pari* is the reading of the manuscript. Yet on several other words I am not certain and have reported my doubts in the Textual Notes.

One of the many fine contributions of Lenzen's close study of the lyrics is his documentation of allusions to Martianus Capella's *De nuptiis.* Thinking that it might be instructive for students to understant these allusions through the simple latinity of a medieval commentator, I have added in the notes references to a twelfth-century commentary on Martianus' work attributed to Bernard Silvestris.

Of the Primas manuscripts, I have personally inspected *R* and verified the readings of *CH* from microfilms; *BMPL* I have adopted from Meyer's edition. For Arundel I have consulted *A* at first hand, used the readings of *O* as reported by K. Strecker, and adopted *BV* from Hilka-Schumann's edition of the *Carmina Burana. C* I have taken from Meyer's report.

---

42 See Öberg, *Serlon de Wilton* p. 75 n. 25.
43 *Arundel Sammlung* p. 4

# BIBLIOGRAPHY

Adcock, Fleur. *The Virgin and the Nightingale: Medieval Latin Poems* (Newcastle upon Tyne 1983).
Alexander, J.J.G. and M.T. Gibson, eds. *Medieval Learning and Literature: Essays Presented to Richard William Hunt* (Oxford 1976).
Bauer, J.B. '*Stola* und *tapetum*: Zu den Oxforder Gedichten des Primas,' *MitJ* 17 (1982) 130-33.
Betten, A. 'Lateinische Bettellyrik: Literarische Topik oder Ausdruck existentieller Not?' *MitJ* 11 (1976) 143-50.
Billerbeck, M. 'Spuren von Donats Terenzkommentar bei Hugo Primas,' *Rivista di filologia e di istruzione classica* 103 (1975) 430-34.
Bischoff, B. 'Vagantenlieder aus der Vaticana,' *ZRP* 50 (1930) 76-97.
Brinkmann, H. *Geschichte der lateinischen Liebesdichtung im Mittelalter*, 2nd ed. (Tübingen 1979).
Bulst, W. *Carmina Leodiensia* (Heidelberg 1975).
Burrow, J.A. *Medieval Writers and their Work* (Oxford 1982).
Cairns, F. 'The Addition to Richard of Poitiers' *Chronica* and "Hugo Primas of Orléans",' *MitJ* forthcoming.
Curtius, E.R. *European Literature and the Latin Middle Ages* (London 1953).
———. 'Die Musen im Mittelalter,' *ZRP* 59 (1939) 129-88.
Dronke, P. *The Medieval Lyric*, 2nd ed. (Cambridge U.P. 1977).
———. *Medieval Latin and the Rise of European Love-Lyric*, 2nd ed. 2 vols. (Oxford 1968).
———. 'Peter of Blois and Poetry at the Court of Henry II,' *MS* 38 (1976) 185-235.
———. 'The Return of Eurydice,' *Classica et mediaevalia* 23 (1962) 198-215.
Ebbesen, S. 'Zu Oxforder Gedichten des Primas Hugo von Orléans,' *MitJ* 3 (1966) 250-53.
Ehlers, W.-W. 'Zum 16. Gedicht des Hugo von Orléans,' *MitJ* 12 (1977) 78-81.
Faral, E. *Les Arts poétiques du XII$^e$ et du XIII$^e$ siècle: Recherches et documents sur la technique littéraire du moyen âge* (Paris 1924).
*Gallia Christiana*, vols. 1-13, 2nd ed. (Paris-Rome 1870-74).
Hanford, J.H. 'The Progenitors of Golias,' *Speculum* 1 (1926) 38-58.

Häring, N.M. 'Die Gedichte und Mysterienspiele des Hilarius von Orléans,' *SMed* 3rd s. 17 (1976) 915-68.
Haupt, M. 'Ährenlese,' *ZDA* 15 (1872) 260-61.
Hilka, A. and O. Schumann. *Carmina Burana* (Heidelberg 1930).
Jackson, W.T.H. *The Interpretation of Medieval Lyric Poetry* (Columbia U.P. 1980).
James, M.R., ed. and trans. *Walter Map, De nugis curialium — Courtiers' Trifles*, rev. C.N.L. Brooke and R.A.B. Mynors (Oxford 1983).
Kate, R. Ten. 'Hugo Primas XXIII: Dives eram et dilectus,' *Classica et mediaevalia* 25 (1964) 205-14.
Klopsch, P. *Einführung in die mittellateinische Verslehre* (Darmstadt 1972).
Kuttner, S. *Gratian and the Schools of Law*, Collected Studies 185 (London 1983) p. 29.
Latzke, T. 'Der Topos Mantelgedicht,' *MitJ* 6 (1970) 109-31.
———. 'Die Mantelgedichte des Primas Hugo von Orléans und Martial,' *MitJ* 5 (1968) 54-8.
Langosch, K. *Hymnen und Vagantenlieder* (Basel 1954).
———. *Profile des lateinischen Mittelalters* (Darmstadt 1967).
———. *Vagantendichtung* (Bremen 1968).
———. *Weib, Wein, und Würfelspiel: Vagantenlieder* (Frankfurt-am-Main - Hamburg 1969).
Lehmann, P.J.G. *Mittellateinische Verse in Distinctiones monasticae et morales vom Anfang des 13. Jahrhunderts*, Sitzungsberichte der bayerischen Akademie der Wissenschaften, philos.-philol. und hist. Klasse, Jhrg. 1922, Abh. 2 (Munich 1922).
———. *Die Parodie im Mittelalter,* 2nd ed. (Stuttgart 1963).
Lenzen, R.W. *Überlieferungsgeschichtliche und Verfasseruntersuchungen zur lateinischen Liebesdichtung Frankreichs im Hochmittelalter* (Bonn diss. 1973).
McDonough, C.J. 'Miscellaneous Notes to Hugo Primas and Arundel 1,' *MitJ* 14 (1979) 187-99.
———. 'Hugh Primas and the Bishop of Beauvais,' *MS* 45 (1983) 399-409.
———. 'Two Poems of Hugh Primas Reconsidered: 18 and 23,' *Traditio* 39 (1983) 133-55.
Machabey, A. 'Remarques sur les mélodies goliardiques,' *Cahiers de civilisation médiévale* 7 (1964) 257-78.

Manitius, M. *Geschichte der lateinischen Literatur des Mittelalters* (Munich 1931) III, 973-8.

Mann, J. 'Satiric Subject and Satiric Object in Goliardic Literature,' *MitJ* 15 (1980) 63-86.

———. 'Giraldus Cambrensis and the Goliards,' *Journal of Celtic Studies* 3 (1981) 31-40.

Meyer, W. *Die Arundel Sammlung mittellateinischer Lieder*, Abhandlungen der königlichen Gesellschaft der Wissenschaften zu Göttingen, phil.-hist. Klasse, N.F. Bd. 11.2 (Berlin 1908; repr. Darmstadt 1970).

———. *Die Oxforder Gedichte des Primas (des Magisters Hugo von Orleans)*, Nachrichten von der königlichen Gesellschaft der Wissenschaften zu Göttingen, phil.-hist. Klasse 1907, Heft 1, S. 75-111; Heft 2, S. 113-175, 231-234 (Berlin 1907; repr. Darmstadt 1970).

Munk Olsen, B. 'Les Classiques latins dans les florilèges médiévaux antérieurs au xiiie siècle,' *Revue d'histoire des textes* 9 (1979) 47-121.

Öberg, J., ed. *Serlon de Wilton: Poèmes latins* (Stockholm 1965).

Otto, A. *Die Sprichwörter und sprichwörtlichen Redensarten der Römer* (Leipzig 1890; repr. Hildesheim 1962).

Poole, R.L. *Studies in Chronology and History*, ed. A.L. Poole (Oxford 1934).

*Recueil des historiens des Gaules et de la France*, 24 vols. (Paris 1869-1904).

Rigg, A.G. 'Golias and Other Pseudonyms,' *SMed* 3rd s. 18 (1977) 65-109.

———. 'Medieval Latin Poetic Anthologies (IV),' *MS* 43 (1981) 472-97.

Roos, H. 'Zum Oxforder Gedicht XVI des Primas,' *MitJ* 3 (1966) 253-4.

Roy, B. 'Arnulf of Orleans and the Latin "Comedy",' *Speculum* 49 (1974) 258-66.

Schumann, O. and B. Bischoff. *Carmina Burana* (Heidelberg 1970).

Shooner, H.-V. 'Les *Bursarii Ovidianorum* de Guillaume d'Orléans,' *MS* 43 (1981) 405-24.

Strecker, K. *Die Gedichte Walters von Chatillon*, I: *Die Lieder der Handschrift 351 von St. Omer* (Berlin 1925).

Topsfield, L.T. *Chrétien de Troyes: A Study of the Arthurian Romances* (Cambridge U.P. 1981).

Uhl, M.C. 'The Learned Lyrics of Hugh Primas: Interpretations of

Hugh's Secular Latin Poems with Special Reference to the *Ars versificatoria* of Matthew of Vendôme' (Ph.D diss. Cornell 1977).
Walther, H. *Proverbia sententiaeque Latinitatis medii aevi* (Göttingen 1963).
──────. *Das Streitgedicht in der lateinischen Literatur des Mittelalters* (Munich 1920).
Walsh, P.G. ' "Golias" and Goliardic Poetry,' *Medium Ævum* 52 (1983) 1-9.
Werner, J. *Beiträge zur Kunde der lateinischen Literatur des Mittelalters* (Aarau 1905).
Westra, H.J. 'The Commentary on Martianus Capella's *De nuptiis* Attributed to Bernardus Silvestris: A Critical Edition' (Ph.D diss. Toronto 1979).
Whicher, G. *The Goliard Poets* (Cambridge, Mass. 1949).
Wilhelm, J.J. *The Cruelest Month: Spring, Nature, and Love in Classical and Medieval Lyrics* (New Haven 1965).
Williams, J.R. 'The Cathedral School of Reims in the Time of Master Alberic, 1118 -1136,' *Traditio* 20 (1964) 93-114.
Wilmart, A. 'Les Epigrammes liées d'Hughes Primat et d'Hildebert,' *Revue benedictine* 47 (1935) 175-80.
Witke, C. *Latin Satire: The Structure of Persuasion* (Leiden 1970).
Zeydel, E.H. *Vagabond Verse* (Detroit 1966).

The following abbreviations are used in this volume:

| Ar. | Arundel |
| BGP(T)M | Beiträge zur Geschichte der Philosophie (und Theologie) des Mittelalters |
| CC | Corpus Christianorum |
| CL | Classical Latin |
| *MitJ* | *Mittellateinisches Jahrbuch* |
| MS | *Mediaeval Studies* |
| OF | Old French |
| PL | Patrologia Latina |
| Pr. | Primas |
| *SMed* | *Studi medievali* |
| ZDA | *Zeitschrift für deutsches Altertum und deutsche Literatur* |
| ZRP | *Zeitschrift für romanische Philologie* |

# EDITIONS

The following is a list of works of patristic and medieval writers that are cited in the footnotes in abbreviated form.

Abelard
*Historia calamitatum* ed. J. Monfrin. Bibliothèque des textes philosophiques (Paris 1967).
*Logica 'Ingredientibus'* I: *Glossen zu Porphyrius* ed. B. Geyer. BGPM 21.1 (Münster 1919).
*Theologia Christiana* in *Opera theologica*. CC, Continuatio mediaevalis 12 (Turnholt 1969).
*Theologia 'Summi boni'* ed. H. Ostlender. BGPTM 35.2/3 (Münster 1939).

Alan of Lille
*Parabolae [Doctrinale minus]* ed. J.-P. Migne. PL 210.

*Altercatio Ganimedis et Helene*
ed. R.W. Lenzen in his *Überlieferungsgeschichtliche* pp. 125-54 (see Bibliography).

Ambrose
*Hexaemeron libri sex* ed. J.-P. Migne. PL 14.

*Apocalypsis Goliae*
ed. K. Strecker (Rome 1928).

Archpoet
*Gedichte* ed. H. Watenphul and H. Krefeld (Heidelberg 1958).

Avitus
*Poematum libri VI* ed. R. Peiper. Monumenta Germaniae historica, *Auctores antiquissimi* 6 pt. 2 (Berlin 1883)

Baudri of Bourgueil [Baldricus Burgulianus]
*Carmina* ed. K. Hilbert (Heidelberg 1979).

Bernard Silvestris
*Commentum in Martianum* ed. H.J. Westra (see Bibliography).
*Cosmographia* ed. P. Dronke (Leiden 1978).

24 Editions

*Carmina Burana*
(HS): ed. Hilka and Schumann (see Bibliography), vols. I-II.
(SB): ed. Schumann and Bischoff (see Bibliography), vol. I.

*Carmina Leodiensia*
ed. W. Bulst (Heidelberg 1975)

*Disticha Catonis*
ed. M. Boas (Amsterdam 1952).

Donatus
*Commentum Terenti* ed. P. Wessner (Stuttgart 1962-3).

*Epistula Sapphus*
*P. Ovidii Nasonis epistulae Heroidum* ed. H. Dörrie (Berlin 1971).

Flodoard
*Historiae Remensis ecclesiae* ed. J.-P. Migne. PL 135.

Gerald of Wales [Giraldus Cambrensis]
*De mundi creatione et contentis eiusdem* in *Opera* ed. J.S. Brewer, vol. I. Rolls Series 21 (London 1861).

Hugh of St. Victor
*De nuptiis carnalibus et spiritualibus* ed. J.-P. Migne. PL 176.

Isidore
*Etymologiae* ed. W.M. Lindsay (Oxford 1966).

Hildebert
*Carmina minora* ed. A.B. Scott (Leipzig 1969).

Jerome
*Liber interpretationis Hebraicorum nominum* in *Opera*. CC, Series Latina 72 (Turnholt 1959).
*Epistulae* pt. I, ed. I. Hilberg. Corpus scriptorum ecclesiasticorum Latinorum 54 (Vienna-Leipzig 1910).

John of Hanville [Johannes de Hauvilla]
*Architrenius* ed. P.G. Schmidt (Munich 1974).

Joseph Iscanus [of Exeter]
*Bellum Troianum [Frigii Daretis Yliados]* in *Werke und Briefe* ed. L. Gompf. Mittellateinische Studien und Texte 4 (Leiden 1970).

Martianus Capella
*De nuptiis Philologiae et Mercurii* ed. A. Dick with addenda by J. Préaux (Stuttgart 1969).

Matthew of Vendôme
*Ars versificatoria* ed. E. Faral (see Bibliography).

Rabanus Maurus
*Commentaria in Exodum* ed. J.-P. Migne. PL 108.

Peter the Venerable
*Epistulae [Letters]* ed. G. Constable (Cambridge, Mass. 1967), vol. I.

Petrus Pictor
*Carmina* ed. L. Van Acker. CC, Continuatio mediaevalis 25 (Turnholt 1972).

Prudentius
*Cathemimeron liber* ed. M. Lavarenne (Paris 1955).
*Hamartigenia* ed. M. Lavarenne (Paris 1961).
*Peristephanon liber* ed. M. Lavarenne (Paris 1963).

Serlo of Wilton : see Öberg in Bibliography.

Walter of Châtillon
*St. Omer :* see Strecker in Bibliography.
*Moralisch-satirische Gedichte Walters von Chatillon* ed. K. Strecker (Heidelberg 1929).

Walter Map
*De nugis curialium* ed. M.R. James et al. (see Bibliography).

**THE OXFORD POEMS OF HUGH PRIMAS**

Oxford, Bodleian Library, MS. Rawlinson G.109

## 1

f. 3

Hospes erat michi se plerumque professus amicum,
  Voce michi prebens plurima, re modicum.
Quis fuerat taceo, si quis de nomine querat;
  Set qualis possum dicere: rufus erat.
5 Hic dum me recipi summa bonitate putarem,
  Intraui plenum fraude doloque larem.
Me domini fratrem consanguineumue putares;
  Sic domus et dominus excipiunt hilares.
Tunc dominus cepit uicibus me plangere crebris,
10 Illaqueare uolens talibus illecebris:
'Dedecus est, Primas, quod sit quadrupes tibi solus.'
Non erat hoc pietas; frax erat atque dolus.
Dum moror, euenit michi quadam forte dierum
  Sumere plus solito forte recensque merum.
15 Vnde piger cene post horam splendidioris
  Ebrius obtabam menbra locare thoris.
Hospes ut astutus oblico lumine ridet
  Nutantemque parum scire uidere uidet, —
'Non,' ait, 'est sanum dormire, sumus quia pleni;
20 Ludere tres solidos, hospes amice, ueni!'
Denariis inhians paucis miseteque crumene,
  'Quin etiam decios, si placet, ante tene!'

1/     See B.M. Marti, 'Hugh Primas and Arnulf of Orléans,' *Speculum* 30 (1955) 233-8.
/1     Horace *Ep.* 1.18.1-2
/3     Cf. Bischoff, 'Vagantenlieder' p. 89 [VIII]: 'O mea cartha, modo si quis de nomine querat,/ dic "meus innoti nominis auctor erat".'
/4     Cf. Walther, *Proverbia* 26964: 'Ruffus absque dolo serpens est absque veneno.'
/12     *frax* (CL *fraus*) ... *dolus:* cf. Ovid *Met.* 1.130, 149
/16     *obtabam, thoris:* CL *optabam, toris*
       *menbra locare:* cf. Virgil *Aen.* 10.867-8
/17     *oblico* (CL *obliquo*) *lumine:* cf. Ovid *Met.* 2.787
/18     'When he saw me nodding and hardly knowing how to keep my eyes open.'
/20     Cf. Walther, *Proverbia* 11165: 'Hospes amice, veni! sub tempore non tamen omni,/ Bis vel ter venias, tunc satis esse scias.'
/21     *Denariis inhians:* cf. Baudri of Bourgueil 5.2

Ad mea dampna citus properans post gaudia cene
Proieci decios: non cecidere bene.
25 Hospes eos iecit michi fallaces, sibi fidos:
Infelix Primas perdidit v· solidos.
Vina dabant uerne sapientes atque periti
Et 'bibe,' dicebant, 'ne moriare siti.'
Me potasse prius de nil constante putaui:
30 Nunc scio, quod dampno uina fuere graui. /
4 Paulatim caput incipiens dimittere pronum,
Paulatim cepit perdere bursa sonum,
Queque prius grandi residebat turgida culo,
Euacuata iacens ore tacet patulo.
35 Que fuit in cena fecunda, loquax, bene plena,
Nec uox nec sonitus mansit ei penitus.
Infelix Decius talem confundat amicum,
Qui sic nostra tulit, quod nichil est reliqum.

/23 *gaudia cene:* cf. Juvenal 15.41
/25 *fallaces:* cf. Ovid *Pont.* 4.2.41
/26 *v:* to be pronounced as the letter v, which here stands for the number five
/29 *de nil constante:* 'at no cost'; cf. 'Seignor, volez oir de patre decio / Comment mat atornez suo judicio; / Plus mat assez costet vini potatio / Quam Aristotelis æquivocatio' in M. Hauréau, 'Notice sur le numéro 1544 ...,' *Notices et extraits des manuscrits de la Bibliothèque nationale* 32 (1886) 253-314 at p. 298
/31 *dimittere:* CL *demittere*
/33 *turgida:* cf. Juvenal 14.138
/34 *euacuata iacens ... tacet:* cf. V. Väänänen, 'Des fames, des dez, et de la taverne: Poème satirique du XIII$^e$ siècle mêlant français et latin,' *Neuphilologische Mitteilungen* 47 (1946) 104-13 at p. 110, vv. 36-7
/37 *Decius:* patron of gamblers; cf. *Carm. Bur.* (SB) no. 215
*talem:* picks up *qualis* of v. 4
/38 *quod = ut:* result clause; cf. Pr. 4.7, 16.135

## 30  Primas 2

2

'Pontificum spuma, fex cleri, sordida struma,
Qui dedit in bruma michi mantellum sine pluma!'
'Hoc indumentum tibi quis dedit? an fuit emptum?
Estne tuum?' 'Nostrum; set qui dedit, abstulit ostrum.'
5  'Quis dedit hoc munus?' 'Presul michi prebuit unus.'
'Qui dedit hoc munus, dedit hoc in munere funus.
Quid ualet in bruma clamis absque pilo, sine pluma?
Cernis adesse niues; moriere gelu neque uiues.'
'Pauper mantelle, macer, absque pilo, sine pelle,
10  Si potes, expelle Boream rabiemque procelle!
Sis michi pro scuto, ne frigore pungar acuto!
Per te posse puto uentis obsistere tuto.'
Tunc ita mantellus: 'Michi nec pilus est neque uellus.
Sum leuis absque pilo, tenui sine tegmine filo.
15  Te mordax Aquilo per me feriet quasi pilo.
Si Notus iratus patulos perflabit hyatus,
Stringet utrumque latus per mille foramina flatus.
Frigus adesse uides. uideo, quia frigore strides.
Set michi nulla fides, nisi pelliculas clamidi des.
20  Scis, quid ages, Primas? eme pelles, obstrue rimas!
Tunc bene depellam iuncta michi pelle procellam.
Conpatior certe, moueor pietate super te
Et facerem iussum, set Iacob, non Esau sum.'

2/  See Dag Norberg, *Manuel pratique de latin médiéval* (Paris 1968)
    184-6; Latzke, 'Mantelgedichte des Primas.'
/5  *unus:* 'a'; cf. Pr. 8.50, **16**.102
/6  Cf. Ovid *Pont.* 1.7.29-30
/7  *clamis:* CL *chlamys;* cf. Pr. **12**.4, **19**.1
/8  Cf. Archpoet 6.11
/17 *mille foramina:* cf. Ovid *Met.* 12.44
/23 *iussum:* cf. vv. 10-11 above
    *Jacob:* cf. Gen. 27:11; cf. also 'Pilis expers, usu fractus,/ ex esau
    iacob factus' in A. Bömer, 'Eine Vagantenliedersammlung des 14
    Jahrhunderts ...,' *ZDA* **49** (1908) 161-238 at p. 183 st. 17

## Primas 3

3
Orpheus Euridice sociatur amicus amice,
Matre canente dea, dum rite colunt hymenea.
In luctum festa uertit lux tercia mesta.
(Pressus enim planta spatiantis gaudia tanta
5   Serpens dissoluit, qui languidus ora resoluit,
Ledens ledentem dum figeret in pede dentem.
Lesa iacet feno pede uipera, nupta ueneno.
Percipit et pallet. puto quod sua funera mallet.
Nec minus exanguis fit homo quam nupta uel anguis.
10  Set quid agat? fleret? set quid sibi flere ualeret?
Non est flere uiri. uidet et iubet hanc sepeliri,
Et residet iusta suspirans menbra uenusta.
Menbra tegit petra, set habent animam loca tetra.
Nil lacrimas uidit prodesse, set in fide fidit.
15  Rem meditans grandem tacito sub pectore tandem,
'Est,' ait, 'in cordis celestibus altus honor dis.
Non facit esse parum sua patrem dis lira carum.

3/   M. Delbouille, 'Un mystérieux ami de Marbode: Le "redoutable poète" Gautier,' *Le moyen âge* 6 (1951) 228-31; Dronke, 'Return of Eurydice.'
/2   *Matre:* Calliope
/5   *ora resoluit:* cf. Virgil *Geor.* 4.452
/7   *Lesa ... pede uipera:* cf. Ovid *A.A.* 2.376
     *nupta:* supply *lesa*
/8   *Percipit:* subject is Orpheus
/9   Cf. Ovid *Met.* 10.185f.
/10  Cf. Virgil *Geor.* 4.504
/11  A common sentiment in the 12th C.; cf. Peter the Venerable *Ep.* 53, John of Hanville *Arch.* 7.280-85.
/12  *iusta:* CL *juxta*
/14  *fide:* 'in his stringed instrument'
/15  *Rem ... grandem:* cf. 4 Reg. 5:13
/16  *cordis:* CL *chordis;* cf. Pr. 7.20
     *celestibus:* to be taken with *dis*
/17  *parum:* qualifies *carum*
     *dis ... carum:* cf. Horace *Od.* 1.31.13. 'His lyre makes my father greatly loved by the gods'; *patrem* here probably refers to Apollo. For classical allusions to this tradition, cf. Ovid *Met.* 10.89, 11.5.

## 32 Primas 3

```
          Sic te posse puto liniri carmine, Pluto.
          Mulcebo Parcas, ut uoce deos deus Archas.'
20        Ergo fides aptat, mouet, ordinat atque retractat
          (Per uoces octo) digitis et pollice docto,
          Confisusque lyre post umbram destinat ire.
          Vt stetit ad fluctus, quos dicit Grecia luctus,
          Dans obolum naute subit et sedet, ast ita caute,
25        Ne titubare grauis ualeat pre pondere nauis.
          Iamque lyra sumpta deuectus trans Acerulita
          Constitit ante fores, regem uidet atque priores./
6         Rex ait in causis hominum de tristibus ausis.
          Dicere ne cesset, quid querat siue quid esset
30        Ammonitus, tuto sic inchoat ore soluto,
          Verba sequente sono, cum plebe tacente patrono:
          'Te primum, Pluto, regem dominumque saluto.
          Extremo fratrum tibi cessit forte baratrum;
          Cesserit extrema tibi sorte licet diadema.
35        Sis licet extremus, tua nos plus iura timemus.
          Quotquot enim uiui sumus, huc erimus recidiui
          Ocius aut sero, sub iudicis ore seuero
          Iuste laturi sontes mala, premia puri.
```

/18   *liniri* (CL *leniri*) *carmine*: cf. *Carm. Leod.* 3.1: 'Carmine leniti tenet Orpheus antra Cocyti ....'
/19   *Archas*: Mercury, who was born on Cyllene, a mountain in Arcadia
/21   *pollice docto*: cf. Ovid *Met*. 11.169-70
/22   *Confisusque lyre*: cf. Virgil *Aen*. 6.120: 'fretus cithara.'
/23   *fluctus*: Acheron; cf. v. 26
      *luctus*: Isidore *Etym*. 14.9.7 associates the river Cocytus with this etymology.
/24   *naute*: Charon
/25   *pondere*: cf. Virgil *Aen*. 6.410-14
/27   *Constitit ante fores*: cf. Ovid *Met*. 2.766
      *regem*: Pluto
/28   *ait*: used in its legal sense 'was prescribing'
/31   *patrono*: Pluto
/32   Cf. Ovid *Met*. 10.17f.
/33   *fratrum*: Pluto was the brother of Jupiter and Neptune.
      *baratrum*: the lower world
/36   Cf. Horace *Od*. 2.3.25f. for the thought.

Primas 4   33

   Iustis et reprobis erit omnibus hec uia nobis.
40 Huc uenisse uirum dicet tua curia mirum.
   Cur ueniam uiuus, latet hos, tu scis quia diuus.
   Separat a superis me dulcis amor mulieris,
   Que non natura neque morbo, set nece dura,
   Nec nece matura, set ui uenit in tua iura.
45 Prosit, quod canto, quod regi seruio tanto;
   Non sine mercede tanta dimittar ab ede.
   Nec michi magna peto: redeat mea nupta, iubeto!
   Sit cythare merces, quam sub loca dura coherces!
   Nec sum inportunus neque perpetuum peto munus:
50 Paruam quero moram neque perpetuo set ad horam.
   Hac ueniam comite celeris post gaudia uite;
   Mors, que nos soluet, caput huc utrumque resoluet.'

4

   Flare iube lentos et lenes, Eole, uentos;
   Carcere contentos coibe celeres, uiolentos!
   Prodeat e claustro comitante Fauonius Austro;
   Istos flare iube sine nimbis et sine nube!/
7 5 Cesset flare parum gelidus turbator aquarum,
   Ne uoret Imarum mare triste, uorax et auarum!
   Sic ferat Imarum, quod ei mare non sit amarum;
   Pondus tam carum Zephirus ferat et mare clarum!
   Non uia terrarum, set me uia terret aquarum.
10 'Cur mare te terret?' Quia me mare non bene ferret;

| 3/44 | *nece matura:* cf. Ovid *Her.* 2.143 |
| /47 | *Nec ... peto:* cf. Virgil *Aen.* 12.190 |
| /48 | *Sit:* subject is Eurydice |
| /51 | *gaudia uite:* cf. Virgil *Aen.* 11.180 |
| 4/5 | *turbator:* Aquilo, the north wind |
| /6 | *Imarum:* possibly, Imar of Montierneuf. Cf. G. Constable, *Letters of Peter the Venerable,* 2 vols. (Cambridge, Mass.) II, 295. |
| /7 | Cf. 'Vendicat inde sibi nomen *mare* quod sit amarum,' *Liber Genesis* v. 61, in *Aurora Petri Rigae* ed. P. Beichner (Notre Dame 1965) vol. I. Cf. also Isidore *Etym.* 13.14.1. |
|  | *quod:* = consecutive *ut* |
| /9 | Cf. Ovid *Met.* 11.425, 427 |

## 34 Primas 5

    Cumque fretum uerret, uereor, ne nauis oberret.
    More uolantis auis uolat alta per equora nauis
    Planiciemque salis uelut ales transuolat alis.
    Me ratis alata, me terret et unda salata.
15  Si ruat in cautem, ratis est factura 'Tu autem,'
    Et rate confracta de me sunt omnia facta.

## 5

    Vlceribus plenus uictum petit eger, egenus;
    Diues non audit, uictum negat, hostia claudit.
    Dum sanies manat, lingens canis ulcera sanat.
    Angelus euexit, quem nec uetus instita texit;
5   Purpura quem texit, stridet, cum spiritus exit.
    Perpetuo digne miser est et pauper in igne,
    Pauperis et miseri qui non uoluit misereri.
    Vidit nec nouit nec pauit eum neque fouit;
    Nunc uidet et noscit et aquas a paupere poscit.
10  Gaudet, qui fleuit; cruciatur, qui requieuit,
    Qui miserum spreuit, quem splendida cena repleuit.
    Esurit in pena, quem pauit splendida cena;
    Vina bibens quondam sitit et uidet et petit undam
    Iudicioque dei datur ignibus, hic requiei.

4/15    *'Tu autem':* part of the liturgical phrase 'Tu autem, Domine, miserere mei'; cf. Archpoet 1.4.4; this phrase is often used in medieval literature to signify that an end has been reached. Cf. A. Hämel, 'Tu autem,' *Neuphilologische Mitteilungen* 44 (1943) 106-8
5/    See Luc. 16:19f.
/1    *Vlceribus plenus:* cf. Luc. 16:20
/2    *hostia:* CL *ostia;* cf. Pr. 8.40, 43
/3    *lingens ... ulcera:* cf. Luc. 16:21
/4    *nec:* 'not even'
       *instita texit:* cf. Ovid *A.A.* 1.32
/5    *Purpura:* Luc. 16:19
/7    *miseri ... misereri:* there is similar wordplay in *Dyalogus de divite et Lazaro* vv. 11-12: 'Multum dives heri, miser es modo, cum misereri/ Nolueris miseri, ...,' ed. J. Bolte in *ZDA* 35 (1891) 257-61 at p. 257. Cf. Pr. 7.31; Walther, *Proverbia* 29394.
/10   *cruciatur:* cf. Luc. 16:24

## 6

Idibus his Mai miser exemplo Menelai
Flebam nec noram quis sustulerat michi Floram./
Tempus erat florum cum flos meus, optimus horum,
Liquit Flora thorum, fons fletus, causa dolorum.
Nam dum, Flora, fugis, remanet dolor iraque iugis,
Et dolor et cure, nisi ueneris, haut habiture.
Cur non te promis, dulcis comes et bene comis,
Vt redeunte pari comites pellantur amari?
Terris atque fretis uagor, expers luce quietis,
Per noctem sonni, capto captiuior omni.
Omni captiuo uel paupere uel fugitiuo
Pauperior uiuo. madet et iugi gena riuo
Nec fiet sicca, manus hanc nisi tergat amica.
Si remeare uelis, tunc liber, tunc ero felix;
Maior ero uates quam Scirus siue Phraates,
Vincam primates et regum prosperitates.
Quod si forte lates, aliquos ingressa penates,
Exi, runpe moram; mora sit breuis hic et ad horam.
Alter fortassis precio te transtulit assis,
Vilis et extremus neque nos<cens>, unde dolemus.
Vt solet absque mare turtur gemebunda uolare,

6/1 *Mai:* it is spring, the traditional season of love; cf. v. 3 below.
*Menelai:* Menelaus, from whom Helen was abducted
/2 *Floram:* in a letter, dated 1098, to Hugh, Archbishop of Lyon, Ivo of Chartres mentions the name Flora as that of a well-known concubine. Cf. Yves de Chartres, *Correspondance,* ed. J. Leclercq (Paris 1949) vol. I, Ep. 65, pp. 282f.
/3 *flos:* cf. Ar. 7.24
/4 *thorum:* CL *torum*
/6 *dolor et cure:* cf. Virgil *Aen.* 12.801
*habiture:* CL *abiture*
/7 *comes ... comis:* cf. Pr. 18.83
/8 *pari:* 'partner'; cf. v. 22 below
/10 *sonni:* CL *somni;* cf. Seneca *Herc. fur.* 165: 'expers somni.'
/15 *uates:* 'though a poet'
*Scirus:* = Cyrus; cf. Horace *Od.* 2.2.17
*Phraates:* king of Parthia
/18 *runpe:* CL *rumpe;* cf. Virgil *Aen.* 4.569, Pr. **16.**3
/21 *mare:* 'mate'; cf. Walther, *Proverbia* 8413d, 22024

36  Primas 7

> Que semel orba pari nec amat neque curat amari;
> Sic uagor et reuolo, recubans miser in lare solo,
> Qui mutare dolo latus assuetum michi nolo,
25 Turturis in morem, cui dat natura pudorem,
> Quod, simul uxorem tulerit mors seua priorem,
> Non sit iocundum thalamum temptare secundum.
> Set tu mendosa rides me flente dolosa,
> Sola nec accumbis, leuibus par facta colunbis,
30 Quis calor in lunbis mutare facit thalamum bis.

7

> Quid luges, lirice, quid meres pro meretrice? /
9 Respira, retice neque te dolor urat amice!
> Scimus — et est aliquid — quia te tua Flora reliquit.
> Set tu ne cures, possunt tibi dicere plures,
5 Qui simili more, simili periere dolore.
> Teque dolor scorti dabit afflictum cito morti,
> Ni dure sorti respondes pectore forti.
> Quod mala sors prebet, sapiens contempnere debet;
> Res quociens mestas non est mutare potestas,
10 Mesta ferendo bene reddit pacientia lene.
> Set quin perferimus, quod permutare nequimus!

6/24     *mutare ... latus:* cf. Virgil *Aen.* 3.581
/25     Cf. Isidore *Etym.* 12.7.60; Dronke, *ML and Rise of Love-Lyric* II, 441, no. XLV.2
/26     Cf. Pet. Ven. *Ep.* 53: 'superuenit meroris dies, quo coniuge de uita sublato, sicut turtur socio uiduata remansit.' A medieval commonplace.
/29     *colunbis:* cf. Isidore *Etym.* 12.7.61 on the lustfulness of doves; see also Otto, *Sprichwörter* s.v. *columba*
/30     *Quis:* = *quibus*
       *lunbis:* CL *lumbis*
7/     Text and translation in Zeydel, *Vagabond Verse* pp. 236-40; for another poem on this rhetorical theme cf. T. Latzke, 'Die *Carmina erotica* der Ripollsammlung,' *MitJ* 10 (1975) 193.
/1     *meres:* CL *maeres;* cf. Pr. 10.41
/4     *ne cures:* cf. *Dist. Cat.* 2.31.1
/10    Cf. Horace *Od.* 1.24.19-20; on the general tone of vv. 8-11 cf. Boethius *De cons. phil.* 2.pr. 1.53-4.

Consolare lyra luctum, quem parturit ira!
Paulum respira, quia destino dicere mira!
Ergo quiesce parum! nec erit graue sic nec amarum,
15 Si nunc ignarum mores doceamus earum.
Lenonem lena non diligit absque crumena.
Lance cibo plena, uinum fundente lagena,
Plus gaudet cena quam dulce sonante Camena.
Cum nidor naso ueniet, gaudebit omaso
20 Aut aliqua sorde plus quam dulcedine corde.
Cum uestis danda uel erit bona cena paranda,
Tunc quiduis manda, tunc semper erit tibi blanda.
Set cum dona feret, que nunc tibi blanda coheret,
Quem uoret et laceret pociorem perfida queret.
25 Quo semel inuento te munere linquet adempto,
Cedet contempto te paupere teque redempto.
Que predam nacta, cum res fuerit tua fracta,
Nec bona transacta tua nec recolet bene facta.
Tu risus plebis mecho ridente dolebis,
30 Risus erit uille, meretrix ridebit et ille.
Nescit enim miseris misereri mens mulieris/
Mobilibus pueris uentoque simillima ueris.
Quam, quia nil dederis, modici sonus auferet eris;

/12 *parturit ira:* cf. Ovid *Her.* 12.210
/16 Walther, *Proverbia* 13659
/19 Cf. Horace *Sat.* 2.7.38
/20 *corde:* CL *chordae*
/22 *erit tibi blanda:* cf. Ovid *A.A.* 2.177
/23 *dona feret:* cf. Virgil *Aen.* 1.679; is *feret* here the equivalent of a future perfect: 'when she shall have carried off your gifts, ...'?
/24 Cf. 1 Petr. 5:8. *pociorem = riualem;* cf. Horace *Epod.* 15.13.
/25 *adempto:* CL *adepto*
/26 *redempto:* 'released'
/29 *risus:* 'laughing-stock'
    *mecho:* CL *moecho;* cf. Pr. 10.25
/30 *Risus ... uille:* 'the town will laugh.' *ille:* i.e. *mechus*
/32 *pueris:* cf. Terence *Hec.* 311-12
    *uentoque:* cf. Walther, *Proverbia* 1767; cf. No. 139.1f. in J.H. Mozley, 'The Collection of Mediæval Latin Verse in MS. Cotton Titus D. XXIV,' *Medium Ævum* 11 (1942) 1-45 at p. 44
/33 *eris:* CL *aeris*

38 Primas 8

   Promittas rursus: uelox erit inde recursus.
35 Si tibi bursa sonet, que spem modicam sibi donet,
   Bursa redire monet; reuolabit eumque reponet,
   Nec nisi mendicum mendax dimittit amicum.
   Bursa uocat mecham, ueluti uocat ad cirotecam
   Crus auis excissum uel uisa caruncula nisum.
40 Sumpto quadrante tunc iurabit tibi sancte:
   'Non dimittam te, nisi me dimiseris ante.'
   Cum dederis nummum, iurabit te fore summum,
   Tunc finget lacrimas partesque dabit tibi primas;
   'Alter plura licet michi det, te plus amo' dicet,
45 Munus ut extricet et totum prodiga siccet.
   Nam sua custodit, te nescia parcere rodit,
   Tardantemque fodit; nisi des cito, quod uolet, odit.
   Cumque miser tua das, non querit, dum sibi tradas,
   Vnde hoc corradas uel egens quo denique uadas.

8

   Iussa lupanari meretrix exire, parari
   Prouida uult ante, quamuis te sepe uocante.
   Conponit uultum, meliorem dat sibi cultum,
   Illinit unguento faciem, prodit pede lento.
5 Cum uenit ingressa, resident spirans quasi fessa
   Seque uerecunde uenisse refert aliunde,
   Quamqua\<m\> uenit heri, simulans timuisse uideri.
   Cuius in aduentum famulorum turba sequentum
   Extendit leta cortinas atque tapeta.

| | |
|---|---|
| 7/39 | *Crus auis excissum:* 'the severed leg of a bird' |
| /40 | Cf. Pr. 23.26 |
| /43 | *partesque:* 'she will assign to you the principal part (in her affections)'; a variation of v. 42 *iurabit te fore summum.* |
| /45 | Cf. Horace *Sat.* 1.3.88. *totum:* supply *te* |
| 8/ | Curtius, 'Musen im Mittelalter' p. 132 n. 4; Billerbeck, 'Spuren von Donats Terenzkommentar'; text and translation in Zeydel, *Vagabond Verse* pp. 240-45 |
| /1 | *parari:* 'to be adorned' |
| /2 | *te sepe uocante:* cf. Horace *Od.* 3.7.31 |

10      Flagrat tota rosis et †menta† preciosis
        Vestibus instrata domus, ut sit ei tua grata./
11      Omnia magnifice disponis pro meretrice;
        Maiori cura cocus aptat fercula plura.
        Que quasi morosa, quasi comis, deliciosa
15      Singula percurrit, degustat pauca, ligurrit.
        Seruit tota domus. cum uina dat optima promus,
        Sorbillat paullum, uix adprecians ea naulum.
        Tecum nocte cubat quasi uirgo, que modo nubat;
        Clamat dum scandis, quia res nimis est tibi grandis;
20      Anxia cum lite iurat non posse pati te;
        Cumque gemens plorat, aditum stringendo minorat;
        Qui si sit patulus, uix inpleat hunc bene mulus.
        Cras ubi dimittis, obnubit timpora uittis,
        Ne quis noscat eam, dum transuolat illa plateam.
25      Cum domus exilis habet hanc, casa sordida uilis,
        Tunc sibi de riuo potum petit. in lare priuo
        Inplent lactuce festiua fercula luce
        Aut olus aut fungi. bene si quando uolet ungi,
        Tunc emit exta bouis sacianda cadauere quouis
30      Vel capre uel ouis pecudumue pedes tribus ouis;

/14-15  *deliciosa ... ligurrit:* cf. Walther, *Proverbia* 15952; Donatus *Comm.* on *Eun.* 936: '... ligurire dicitur, qui eleganter et morose cumque multo fastidio suauiora quaeque degustat.'
/17     *uix ... naulum:* 'placing hardly any value on the shipping costs'; in her attempt to appear fastidious, she dismisses the wine's high price.
/19     *scandis:* this word, drawn from the sphere of animal sexual behaviour, prepares the way for *mulus* in v. 22
        *res:* = *penis*
/20     *pati:* in the sexual sense; cf. Ar. 13.5
/22     *patulus:* sc. *aditus;* for a similar image cf. Catullus 97.7-8
/23     *obnubit timpora uittis:* cf. Ovid *Pont.* 3.2.15
/25     *domus exilis:* cf. Horace *Ep.* 1.6.45; *Od.* 1.4.17
/27     *festiua ... luce:* Donatus *Comm.* on *Eun.* 1048: 'festiuus dies'; Horace *Od.* 4.6.42
/29     *exta bouis:* cf. Ovid *Fast.* 4.670
/29-30  'then, satisfied with any kind of meat, she buys the innards of an ox or the feet of a goat ...'
/30     *ouis ... tribus ouis:* cf. Walther, *Proverbia* 10564, 26670: 'Res est vilis ovis non ens melior tribus ovis'; Serlo of Wilton 1.85

## 40  Primas 8

       Vel panis duri calefacto frustula iuri
       Frangens infercit, alia cui nocte pepercit.
       Vilia tunc uilla, que fece fluunt, emit illa;
       Fraude bacetigeri ne quid ualeat retineri,
35   In uirga numerum designat uterque dierum;
       Venditor et uilli metretas conputat illi
       Pro quadrante decem prebens ad prandia fecem.
       Tunc si scurra pedes pede nudo pulsat ad edes,
       Mimus siue calo uel suetus ludere talo,
40   Pene rigente malo celer hostia frangere palo
       Leno discinctus, cicius te mittitur intus./
*12*   Plus habet inde pedes quam Peleus aut Diomedes
       Nobiliorue Pelops: ita currit ad hostia uelox.
       Ad uocem lixe properat metuens ea rixe,
45   Turpis et inconpta post scurram currere promta.
       Quelibet inmunda loca poscat, non pudibunda,
       Spe leuis argenti stabulo caput abdet olenti.
       Quolibet inpelli leuis ibit amore lucelli.
       Sicut apis melli semel heret dura reuelli,
50   Sic uolat ad munus meretrix, quod scurra dat unus;
       Quo semel accepto cuiuix se uendet inepto.

/31    *iuri:* 'soup'; cf. Terence *Eun.* 939. For a parallel to this miserly behaviour cf. Juvenal 14.127f.
/33    *uilla:* cf. Terence *Ad.* 786
/35    *uterque:* she does not trust the wine-merchant, so she oversees the marking on the stick
/37    *decem:* with *prandia*
/38    *scurra pedes:* 'on foot'; cf. Pr. 10.8 *nauta pedes. pede... pulsat:* cf. Horace *Od.* 1.4.13. *pede nudo:* a sign of the man's poverty and low social standing; cf. Archpoet 7.9.2; Horace *Ep.* 1.19.12
/40    *hostia frangere:* cf. Horace *Sat.* 1.2.127-8
/42    *pedes:* subject of *habet:* 'the man on foot'
        *Peleus:* the names are meant to indicate men of high social rank.
/44    *ea:* sc. *meretrix*
/46    *inmunda loca:* in contrast to the lavish home she treats with disdain above in vv. 8-17. There is probably a *double entendre*, as *loca* could designate the male member; cf. v. 47 *caput abdet.*
/47    *stabulo ... olenti:* cf. Horace *Sat.* 1.2.30
/48    *lucelli:* cf. Horace *Sat.* 2.5.81f.
/51    *cuiuix:* CL *cuiuis*

## 9

Vrbs erat illustris, quam belli clade bilustris
Nunc facit exustrix fecundam flamma ligustrix.
Vrbs fecunda ducum, caput inclinata caducum,
Nunc fecunda nucum stupet ex se surgere lucum.
5 Vrbs habitata uiris et odoribus inclita Siris
Nunc domus est tigris, serpentibus hospita diris.
Crescit flaua seges, dictabat rex ubi leges;
Fedant tecta greges, ubi nutriit Heccuba reges.
Cerua facit saltus, ubi nobilior fuit altus
10 Et ludis aptus Ganimedes a Ioue raptus.
Vrbem reginam, mundi decus ante ruinam,
Terrarum dominam, uideas humilem, resupinam.
Si muros ueteres, si templa domosque uideres,
Tam tenere fleres mala, que malus intulit heres.
15 Vrbs bene sublimis, ducibus prediues opimis
Vnaque de primis, modo fit minor et comes imis.
Terra referta bonis, fulgens opibus Salomonis
Et regum donis, nunc est spelunca leonis.
Heu! quid agunt bella! preciosa iacent capitella/
*13* 20 Et Iouis in cella cubat hinc ouis, inde capella.
Vrbis nunc misere dolor est tot dampna uidere,

9/ See A. Boutemy, 'Le Poème *Pergama flere uolo* ... et ses imitateurs du XIIe siècle,' *Latomus* 5 (1946) 233-44; the poem is translated in H. Waddell, *More Latin Lyrics* (London 1976) pp. 290-93; Curtius, 'Musen im Mittelalter' p. 132 n. 4, calls this poem 'a rhetorical school exercise' related by a medieval cleric.
/1 *belli ... bilustris:* cf. Ovid *Am.* 2.12.9
/2 *ligustrix:* CL *ligustris*
/4 *surgere lucum:* cf. Ovid *Met.* 11.190
/5 *habitata uiris:* cf. Ovid *Met.* 13.430
/7 *Crescit ... seges:* Ovid *Met.* 3.110. *rex:* Priam
/9 *altus:* from *alo*
/10 *Ganimedes ... raptus:* cf. Ovid *Met.* 11.756
/12 *Terrarum dominam:* cf. Horace *Od.* 1.1.6
/13 *templa domosque:* cf. Ovid *Met.* 13.633
/14 *malus ... heres:* Paris
/16 *Vnaque:* cf. Pr. 18.23
/21 *Vrbis:* with *dampna*

42  Primas 9

>      Que modo tota fere gemmis radiabat et here.
>      Certabat stellis; topazius in capitellis
>      Et decus anellis, medicina smaraudus ocellis,
> 25   Sardus et onichili sordent in puluere uili,
>      Quas tulit a Nili uictoria fontibus Ili.
>      Gloria matronis et regum digna coronis
>      Inclita sardonis ictu percussa ligonis
>      Occurrit pronis uel arantibus arua colonis.
> 30   Que modo contempta, sct magno regibus empta,
>      Venditur inuenta pro nummo siue placenta.
>      Mercatorque bonus uendit pro pane colonus
>      Nobilis auris onus, quod repperit in scrobe pronus.
>      Vrbs bene fecunda, nulli sub sole secunda,
> 35   Quod fuit inmunda, luit et patitur gemebunda.
>      Quolibet in scelere sperans sibi cuncta licere
>      Sorduit in uenere, set diis ea displicuere.

/22    *gemmis radiabat:* cf. Ovid *Pont.* 3.4.103. *here:* CL *aere*
/23    *Certabat:* subject is *urbs*
/24    *smaraudus:* CL *smaragdus.* Cf. Pliny *H.N.* 37.63; cf. also 'Et ille qui assiduat aspicere in ipsum [i.e. smaragdum] preservat visum eius a nocumentis et conservat eum incolumem,' in V. Rose, 'Aristoteles *De lapidibus* und Arnoldus Saxo,' *ZDA* 18 (1875) 321-455 at p. 399.
/25    *Sardus:* cf. Isidore *Etym.* 16.8.2-4
      *onichili:* Waddell, *More Latin Lyrics* p. 291, translates 'onyx,' associating it with CL *onychini* (cf. *B*'s reading of *onichini*), despite the consequent lengthening of the first syllable this entails. Could Primas have written *Sardus et, a, nichili sordent,* with wordplay on *a Nili* in v. 26, the name of the river and the contracted form of *nihilum?*
/26    *Nili:* an allusion to the Arabian origin of the topaz (Pliny *H.N.* 37.107-8), emerald (Pliny *H.N.* 37.64-5), and the sard (Pliny *H.N.* 37.106); cf. Rose, 'Aristoteles *De lapidibus*' pp. 441 and 445.
      *Ili:* Ilus, the founder of Troy
/28    *sardonis:* CL *sardonyx*
/30    *Que:* sc. *sardonis. magno:* sc. *pretio*
/33    *Nobilis auris onus:* i.e. an earring; cf. Ovid *Med. Fac.* 22
/36    *cuncta licere:* cf. Ovid *Met.* 9.554f.; Walther, *Proverbia* 5171
/37    *Sorduit:* i.e. urbs. *diis:* monosyllabic

Quod Paridi fede nubebat filia Lede
Et steriles tede nubente Ioui Ganimede,
40 Cum propria sede luit hoc datus incola prede.
Nostris fracta dolis inmense fabrica molis
Scinditur agricolis, opus amirabile Solis.
Infensus diuis periit cum principe ciuis,
Et cum captiuis rex captus seruit Achiuis.
45 Vrbis preclare rex ipse uolens latitare
Fataque uitare, cum prole coheserat are;
Credebant miseri superos debere timeri;
Ira ducis pueri non curat sacra uereri.
Sic nec eos superi potuere nec ara tueri./
14 50 Talia cum memorem, nequeo cohibere dolorem,
Quin de te plorem, cum de te, Troia, perorem.
Set iam menbra thoris dare nos monet hora soporis.

/38 *fede:* CL *foede*
 *filia Lede:* Helen; cf. Baudri of Bourgueil 7.16
/39 *et* (quod) *steriles* (erant) *tede ...:* cf. *Alterc. Gan.* st. 39.3 'Miscet venus masculos sterili iunctura.' *tede* (CL *taedae*): 'marriage'
/40 *incola:* of Troy
/41 Cf. Virgil *Aen.* 2.43 f. *Nostris:* i.e. of Ulysses and the Greeks
/42 *opus amirabile:* Ovid *Met.* 6.14; Eccli. 43:2
 *Solis:* Apollo, who, with the assistance of Poseidon, built the walls of Troy for Laomedon; cf. Ovid *Met.* 11.194 f.
/44 *rex:* in the general sense of 'leader' rather than a reference to Priam
/45 Virgil's account of Priam's death in *Aen.* 2.531f. does not contain this attribution of motive to the king.
/47 Augustine *De civitate Dei* 1.3 makes the same point.
 *debere timeri:* Ovid *Met.* 11.406
/48 *ducis pueri:* Pyrrhus; cf. Virgil *Aen.* 2.506 f.
/49 *ara tueri:* cf. Virgil *Aen.* 2.523; cf. J. Stohlmann, *Anonymi historia Troyana Daretis Frigii* (Düsseldorf 1968) p. 157
/52 On this topos of conclusion cf. Curtius, *European Literature* p. 90.
 *monet hora:* cf. Prudentius *Cath.* 3.89

44  Primas 10

**10**

Annus erat decimus et mensis in ordine primus,
Cum male iam fractus et penis pene subactus
Vltima scitari uult Tyresiamque precari.
Nonam post hyemem religant cum fune biremen
5  Ad cautem caute bona nacti littora naute.
Ductor adit Thebas, ubi tunc, uir docte, docebas
Morem uiuendi, quid dictent fata, parent di.
Dux quasi nauta pedes ad uatis dcuenit edes,
Edes uicinis monstrantibus ut peregrinis.
10  Intrat et inplorat et uatem pronus adorat:
'Maxime, dic, uates, patriosne uidebo penates
Vel penitus fatum uetat hoc? refer, optime uatum,
Dic, si Laertes pater est natusque superstes;
Interpres superum, de coniuge dic michi uerum.
15  Plus erit inde leuis perstans mea pena tot euis,
Cum fuero certus.' sic fatur. at ille misertus
Pronum deuoluit, humilem leuat, os ita soluit:
'Noui re uera, quid dictent fata seuera,
Et quecunque Ioui precognita sunt, ego noui;
20  Verax nec quicquam mentitus in ordine dicam,
Quicquid scire uoles. uiuit pater et tua proles,

10/    Cf. Horace *Sat.* 2.5. A variant version of this poem is found in Berlin MS. theol. lat. Oct. 94 f. 128a (*B* in Meyer's ed.).
/1    *Annus erat:* cf. Ovid *Fast.* 3.121
     *mensis in ordine:* cf. Virgil *Geor.* 4.507
/2    *penis:* CL *poenis;* cf. v. 15 below. *subactus:* i.e. Ulysses
/3    *scitari uult:* cf. Virgil *Aen.* 2.105
/4    *Nonam post hyemem:* a variation on v. 1; for *hyemem* = *annum* cf. Horace *Od.* 1.11.4
/7    *fata:* cf. Virgil *Aen.* 2.121
/10    *pronus adorat:* cf. Juvenal 6.47-8
/11    *patriosne ... penates:* cf. Horace *Sat.* 2.5.4-5
/12    *fatum uetat:* cf. Virgil *Aen.* 8.398
/13    *natusque:* Telemachus
/14    *Interpres superum:* cf. Virgil *Aen.* 3.359
/17    *humilem leuat:* cf. Boethius *De cons. phil.* 2 m.1.4
/20    *quicquam mentitus:* cf. Horace *Sat.* 2.5.5
     *ordine dicam:* cf. Virgil *Geor.* 4.537

Telemacus, quem pacit acus, uiuitque labore.
Penelopem cernes inopem uetulamque dolore.
Viuit mendica, quia maluit esse pudica.
Si fieret mecha, non esset inops apotheca,
Natus haberet equos. modo uiuit acu, quia mechos/
Mater contenpsit; et malo, quod esuriens sit,
Quam foret inmunde meretrici uictus habunde.
Perdidit armentum pecudesque, domus alimentum,
A mechis centum corpus lucrata redemptum;
Perdidit omne pecus, quod sustulit aduena mechus,
Obtinuitque decus. set, qui hostis erat, foret equs
Et blandus fieret, fieri si blanda ualeret.
Paupertate premi, sua malebat quia demi,
Quam sua cum scortis sors esset, femina fortis
Nunc algore, siti morietur, amore mariti.
Iusticie zelo fuge, redde manum cito uelo,
Nos animum celo.' sic pectore fatus anelo,
Reddens se lecto, iubet hunc excedere tecto.
Pronior ille cadens et humum cum poplite radens
Asperius meret, quod femina panis egeret,
Quam pro Telemaco, qui uix tegit inguina saco.
Plorat, set gaudet neque uult monstrare nec audet
Vir bene precinctus, que gaudia mens habet intus.
Iam non pressure paupertatisque future

/22  *pacit:* CL *pascit;* cf. Pr. 16.49 *laciui,* CL *lasciui*
     *acus:* 'chaff'; cf. v. 26 below
/23  *uetulamque:* Ovid *Her.* 1.116
/25  *apotheca:* cf. Horace *Sat.* 2.5.7
/28  *habunde:* CL *abunde*
/32  *hostis erat:* cf. Ovid *Her.* 3.18. Note elision in *qui hostis.*
     *equs:* CL *aequus*
/33  *fieri si blanda:* cf. Ovid *Am.* 2.2.34
/34  'Because she preferred to be crushed by poverty, her possessions to be taken away, than ...'
/36  *amore mariti:* cf. Ovid *Am.* 3.4.27
/38  *animum:* 'inspiration'; cf. Virgil *Aen.* 6.10f.; supply *reddimus* from v. 37.  *pectore ... anelo:* cf. Virgil *Aen.* 6.46f
/42  *tegit inguina:* cf. Juvenal 11.158.  *saco:* CL *sacco*
/44  *precinctus:* here in a figurative sense, 'fortified'

46 Primas 10

>       Nec pelagi meminit: rumor bonus omnia finit
>       De muliere bona, quia spreuerit omnia dona
>       Res precio prona, preciosa digna corona,
>       Cum precium reicit. tunc secum talia dicit:
> 50    Iam depone metus, iam desine fundere fletus
>       Et lacrimas sicca, socia uiuente pudica!
>       Vela cito repara, fac fumet Palladis ara!
>       Sors tua preclara, iam nec grauis est nec amara,
>       Dum sit auis rara mulier pauper nec auara.
> 55    Non aurum, lapides nec mille talenta michi des:
>       Vincit pura fides, quicquid dare posset Atrides;/
> *16*  Plus animum sanctum probo quam gazas Garamantum.
>       Miror, quod tantum potuit, tot ut una precantum
>       Vitarit nexus, monitis leuis obuia sexus,
> 60    Nec commota minis neque ui nec fracta ruinis.
>       Nec dum uicinis uicium negat, illa rapinis
>       Nec blandimentis ruit alte femina mentis,
>       Iusticie miles, uires transgressa uiriles.
>       Nunc habitans uillam sibi suscitat ipsa fauillam;
> 65    Non habet ancillam, que pro se suscitet illam.

/45-6   *pressure ... meminit:* cf. Io. 16:21
/48     *Res precio prona:* i.e. women; cf. Hildebert *Carm. min.* 50.7:
        'femina res fragilis, numquam nisi crimine constans'
        *digna corona:* cf. Petrus Pictor *Carm.* 14.334: 'Femina rara bona,
        sed que bona digna corona'; cf. also Ovid *Pont.* 3.4.64
/50     *fundere fletus:* cf. Virgil *Aen.* 2.271
/52     *fumet ... ara:* cf. Horace *Od.* 3.18.7-8
/54     *auis rara:* proverbial expression; cf. 'rara auis in terris nigroque
        simillima cigno / est in feminea debilitate fides.' in J.H. Mozley,
        'Some Unprinted Fragments of Matthew of Vendôme (?)...,' *SMed*
        n.s. 6 (1933) 208-38 at p. 224, no. IV, vv. 7-8.
/56     *pura fides:* cf. Ovid *Am.* 1.3.6
        *Atrides:* Agamemnon; cf. Ovid *Her.* 3.27-40, the embassy to Achilles, for a specific reference to Agamemnon as a type of wealth.
/57     *Garamantum:* an African nation; cf. Virgil *Aen.* 6.794
/58     *tot:* with *precantum,* 'suitors'
/61     *uicinis:* i.e. the suitors in Penelope's house
        *uicium:* 'violation of her chastity'; cf. Pr. 16.96
/64-5   Perhaps an echo of Ovid *Met.* 8.635f., where Baucis and Philemon
        are both masters and servants, and 641f.

'Taliter expresse foret huic opus atque necesse
Nos intrare rates. sed dic prius, optime uates:
Credo, quod, ut dicis, redeo reddendus amicis;
Set quis erit ludus, cum nudos uidero nudus?
70 Ibo dolens Ithacam, nec habens uitulum neque uacam
Et bibiturus aquam? set mallem uisere Tracam
Hos gestans pannos aut Persas siue Britannos,
Quam miser ire domum, cui nec seges est neque pomum
Nec caro nec uinum nec lana meis neque linum.'

## 11

Primas po<n>tifici: Bene quod ludis audio dici,
Et fama teste probitas est magna penes te.
Conspicuus ueste bene cenas, uiuis honeste.
Et bene si uiuis et das bene de genitiuis,
5 Vt non egrotes, bene conuenit, ut bene potes.

## 12

Res erit archana de pellicia ueterana.
Vilis es et plana; tibi nec pilus est neque lana.
Vilis <es> et plana. res est, non fabula uana,

| | |
|---|---|
| 10/66 | *expresse:* i.e. the description of Penelope's difficulties in v. 23 f. |
| /67 | *optime uates:* cf. Virgil *Aen.* 6.669 |
| /70 | *uacam:* CL *uaccam* |
| /72 | Cf. Horace *Od.* 3.5.3-4, 1.21.15. |
| 11/1 | *Bene:* cf. Martial 2.7 where an ironical effect is gained by the repetition of *belle* |
| | *ludis:* first syllable is shortened |
| /4 | *das ... genitiuis* (CL *genetiuis*): for the wordplay on grammatical terms for sexual activity cf. Ar. 15.4.10-12; a more extended example is *Apoc. Gol.* 45.1-4: 'Decano precipit, quod, si presbiteri / per genitivos scit dativos fieri, / accusans faciat vocatos conteri / ablatis fratribus a porta inferi.' Cf. also Curtius, *European Literature* p. 414 f.; Lehmann, *Parodie* p. 108. |
| 12/1 | *Res erit archana:* cf. Ovid *Met.* 4.223 |
| /3 | *fabula uana:* cf. Ovid *Her.* 19.132 |

48 Primas 13A, 13B, 14

        Quod tua germana fuerit clamis Aureliana.
5     Nec pulices operit, latebrasque pulex ubi querit,/
17    Quas quia non <re>perit, ipsa reperta perit.

### 13A

        Me ditauit ita uester bonus archileuita,
        Ditauit Boso me munere tam precioso.

### 13B

        Ve michi mantello, quia sum donatus asello,
        Vili, non bello, quia non homini, set homello.

### 14

        In cratere meo Tetis est sociata Lieo:
        Sic dea iuncta deo, set dea maior eo.
        Nil ualet hic uel ea, nisi cum fuerint pharisea
        Hec duo: propterea sit deus absque dea.
5     Res ita diuerse, licet utraque sit bona per se,
        Si sibi peruerse coeant, perdunt pariter se.

12/4    *Aureliana:* perhaps an allusion to the cloak of poem 2.
/5     *pulices ... pulex:* initial syllable is shortened; cf. Pr. 20B.1
        *latebrasque ... querit:* cf. Virgil *Aen.* 10.663
13A/2  *Boso:* probably the bishop of Châlons-sur-Marne 1153-62
13B/2  *bello:* adj. 'fine'
        *homello:* a rare word; cf. Alan of Lille *Par.* ch. 6 (PL 210.593B):
        'Est quoque qui misero subjectus paret homello.'
14/     *Carm. Bur.* (SB) no. 194
/1     *Tetis:* CL *Thetis* = water
        *Lieo:* Bacchus; cf. 'nec Bacchus lymphae coniugium patitur' in
        R.M. Thomson, 'The Satirical Works of Berengar of Poitiers ...,'
        *MS* 42 (1980) 89-138 at p. 114; Walther, *Proverbia* 26781
/3     *pharisea:* 'separate'; cf. Isidore *Etym.* 7.6.40; see *phariseo* in W.B.
        Sedgwick, 'Some Poetical Words of the Twelfth Century,' *Archivum Latinitatis medii aevi* 7 (1932) 223-6 at p. 225.
/5-6   Walther, *Proverbia* 26778-9

**15**

    Vir pietatis inops, cordis plus cortice duri,
    Dignus cum Iuda flammis Stigialibus uri!
    Scariothis finem det ei deus aut Palinuri!
    Pene furens tremulum fregit caput obice muri.
5   Cuius uero caput? senis et propere morituri.
    Si lupus est agnum, si uim faciat leo muri,
    Quod decus aut precium lupus aut leo sunt habituri?
    Dum metuens mortem me sepius offero iuri,
    Auferor et rapido furor mea guttura furi.
10  Verba quide<m> sunt seuera
    et uidentur esse uera,
    set nec casta nec sincera;
    non Allecto seu Megera
       hanc habent nequiciam.
15  Multos fallit sacramentis
    et seducit blandimentis;
    nec in falsis iuramentis
    nec in uerbis blandientis
       habeas fiduciam.
20  Requirebam meum censum
    et hoc fecit hunc infensum;/
*18*   set, dum uado per descensum,

15/     Text and translation in Whicher, *Goliard Poets* pp. 84-9
/2      *flammis ... uri:* cf. Virgil *Aen.* 2.37
/3      *Scariothis:* this form is found elsewhere in 12th-C. poetry: cf.
          'non peior istis scarioth, qui ihesum ipse uendidit' in 'Notes and
          Documents: Some Political Poems of the Twelfth Century,'
          *English Historical Review* 5 (1890) 311-52 at p. 321; cf. also
          Prudentius *Psych.* 530.
          *finem det ... deus:* cf. Virgil *Aen.* 1.199. *Palinuri:* Aeneas' helms-
          man who fell overboard and drowned; cf. *Aen.* 5.854f.
/6      Cf. E. du Méril, *Poésies inédites du moyen âge* (Paris 1854) pp.
          184-5, 210-11, for the fables *De lupo et agno* and *De leone et*
          *mure* and the moral to be learned.
          *est:* 'eats'
/8      *me ... offero iuri:* 'I offer to go to law'
/9      *furor:* 'I steal'
/13     *Allecto, Megera:* names of two of the Furies

si teneret apprehensum,
uir insanus extra sensum
25    iugulasset propere.
Nec pro deo nec pro sanctis
est misertus deprecantis;
set ad uocem tribulantis
dedit deus alas plantis
30    et sic cessit prospere.
Sic res erat definita
et mors michi stabilita;
si teneret me leuita,
breuis esset mea uita
35    nec possem euadere.
Si non esset leuis talus,
breuis esset mea salus.
set dum instat hostis malus,
retardauit eum palus
40    et est uisus cadere.
Si non esset talus uelox,
Primas esset uelut Pelox.
set, qui sedet super celos,
cui cantant dulce melox
45    beatorum anime,
non concessit ius insano,
homicide, Daciano,
quod noceret ueterano;
alioquin (uera cano)
50    perissem celerrime.
Si non essent plantis ale,
satis esset michi male;

/29   Cf. Virgil *Aen.* 8.224
/30   Cf. Ar. 3.2
/42   *Pelox:* an allusion to the myth that Pelops was killed and served up as a meal to the other gods; cf. v. 54 below
/44   Cf. Prudentius *Cath.* 5.121-3.  *melox:* CL *melos*
/47   *Daciano:* the persecutor of the martyr Vincent; cf. Prudentius *Perist.* 5.40; Walter Map *De nug. cur.* Dist. 1, c. 25 (p. 94.27f.); Pr. 23.16

monstrum enim Stigiale
me uorasset absque sale.
55 conputabam gradus scale,
set non recto numero:
unus, septem, quinque, decem,
et in uanum fundens precem.
O quam pene uidi Lethem!
60 nam tirannus minans necem
inminebat humero.
Dum demitto me per scalas
sepe clamans 'Alas! Alas!,'
dedit deus plantis alas;
65 sic euasi manus malas
cursu debilissimus.
Quam nefandum opus egit!
contra murum me impegit,
pene caput meum fregit.
70 nunc extorrem me collegit,
cibat pane, ueste tegit
clerus nobilissimus.
Proclamabam 'Heus! heus!
miserere mei deus!'/
*19* 75 dum instaret hostis meus.
eram enim ut Zacheus:
ipse uelut Briareus
aut Herodes Galileus
siue Dionisius
80 Vix euasi triste fatum.
nunc, suscepit exulatum
regni tenens principatum

/54 *absque sale:* cf. Lev. 2:13, Iob 6:6
/58 *fundens precem:* cf. Virgil *Aen.* 6.55
/59 Cf. Horace *Od.* 2.13.21-2
/76 *Zacheus:* cf. Luc. 19:3, Isidore *Etym.* 7.10.5
/77 *Briareus:* a hundred-armed giant of legend; cf. Virgil *Aen.* 6.287
/78 *Herodes:* cf. Mt. 14.3
/79 *Dionisius:* the tyrant of Syracuse; cf. Cicero *Tusc.* 5.20-21, Abelard *Hist. cal.* 1549f.

et regina ciuitatum
nobilis Parisius.
85　Multi monstrum ignorantes
uix hoc credunt admirantes
et sic dicunt indignantes:
'quis est iste dominus?
in qua fidit potestate,
90　qui de nostro bono uate,
de magistro, de Primate,
tale fecit facinus?'
Cum recordor tristis ore,
qua uolabam pre timore
95　et non erat locus more,
friget plenum cor horrore
nec iam credo quemquam fore,
cui possim credere.
Adhuc ita tremo totus.
100　non est locus tam remotus
nec amicus quisquam notus
tam fidelis tam deuotus
in quo possim credere.

## 16

Iniuriis contumeliisque concitatus
Iam diu concepi dolorem nimium.
Nunc demum runpere cogor silencium,
Cernens ecclesie triste supplicium
5　Et cleri dedecus atque flagicium.

| | |
|---|---|
| 15/89 | *in qua ... potestate:* cf. Mt. 21:23 |
| /91 | *magistro:* the word suggests clerical status and may also allude to his pre-eminence among contemporary poets |
| /93 | *ore:* CL *horae* |
| 16/ | Partial text and translation in O. Dobiache-Rojdestvensky, *Les Poésies des Goliards* (Paris 1931) pp. 114f., 140f. Cf. also McDonough, 'Miscellaneous Notes' and 'Hugh Primas.' |
| /1 | Cf. Sallust *Cat.* 35.3 |
| /2 | Cf. Iob 15:35　　/3　　Cf. Virgil *Aen.* 10.63-4 |

Ker quant uos uolez faire d'euesche electium,
Currentes queritis intra cenobium
L'abé o le prïor uel camerarium,
Vt cleri sit caput gerens capucium,
10    Cucula iudicet superpellicium;
Et, quem deus fecit principem omnium
Et ki sor toz deureit aueir dominium,
Clericus monacho facit hominium./
Quem si aliquando uidissem obuium,
15    Putassem uidisse grande demonium;
Ker le jor m'auenist grant infor<tu>nium,
O j'eüsse la nuit malum hospicium.
Vos fratrem linquitis et intra gremium
Matris ecclesie nutritum filium.
20    Ce fait inuidia, seruile uicium,
Que stridet, non ridet, cum uidet prouehi socium.
Or est uenuz li moines ad episcopium,
Pallidus et macer propter ieiunium:
Set mox assiduo stridore dentium
25    Sex frusta deuorans magnorum piscium,

/6      'for whenever you wish to elect a bishop'
/9-10   'that one wearing a hood may be the leader of the clergy, that the cowl may judge the surplice'
/10     *cucula:* CL *cuculla*
/12     'and who ought to have power over all'
/13     'a cleric does obeisance to a monk'
/15     *demonium:* the word plays on the *dominium* of the monk implied in v. 13 above; cf. Walter Map *De nug. cur.* Dist. 4, c. 6 (p. 316.20): 'Suspectum habet ex "dominio" demonem ....'
/16     'For that day a great evil would have befallen me or I would have had that night ...'
/21     *non ridet:* in Ovid's account of Invidia, 'risus abest' (*Met.* 2.778). On the metrical anomaly in this line, see the Textual Notes.
/22     'Behold! that monk came to the bishopric'
/24     *stridore dentium:* cf. Mt. 8:12
/25     *piscium:* cf. 'Hic in omne piscium seuiebat genus,/ quod illius comprobat uenter tam obscenus,/ qui, siquando piscibus grossis esset plenus,/ promptus erat facere quod iussisset Venus' in A. Wilmart, 'Le Florilège mixte de Thomas Bekynton,' *Mediaeval and Renaissance Studies* 4 (1958) 35-90 at p. 70 st. 30

In cena consumens ingentem lucium,
Inping<u>atur ingrassatur infra biennium,
Porcorum exemplo rebus carencium.
In claustro solitus potare fluuium,
30    Ore fait de forz uins tantum diluuium,
Que l'on le porte el lit par les braz ebrium.
Ore uerrez uenir milia milium,
De parenz, de neuoz turbam, dicencium:
'Je sui parenz l'euesche, de sa cognatium.'
35    Dunt fait cestui canoine, hunc thesaurarium;
Cil, ki seruierant per longum spacium,
Amittunt laborem atque seruicium.
Tristis hypocrita, quem uos eligitis,
Adeptus honorem non suis meritis,
40    Primitus apparet et bonus et mitis;
Omnibus inclinat ceruicem capitis,
Paratus prestare, si quid exigitis.
Set primis duobus annis preteritis/
Iam ferus apparet et seuus subditis,
45    Vexat uos et grauat causis et placitis.
Secedit ad uilas in locis abditis;

/27    *ingrassatur:* CL *incrassatur*
/29    *fluuium:* = *aquam;* cf. Serlo of Wilton 1.95
/30    'now he creates so great a deluge of potent wines that they carry him to bed by his arms, drunk'
/32-3  'now you will see coming thousands upon thousands, a host of relatives and nephews proclaiming'
       *milia milium ... dicencium:* cf. Apoc. 5:11-12
/34    *cognatium:* a latinized form of the OF *cognacion* for the sake of the end rhyme; cf. v. 6 *electium* for OF *eleccion,* v. 86 *acensium* for OF *acension,* v. 95 *intencium* for OF *intencion.* Render the line: 'I am a relative of the bishop; I am his kin.'
/36-7  Cf. Juvenal 3.124-5
/38    *Tristis hypocrita:* cf. Mt. 6:16
       *eligitis:* Odo III (1144-9) or Henry of France, the brother of King Louis VII of France, who was called from the monastery of Clairvaux to become the bishop of Beauvais in late 1149
/42    *Paratus prestare:* Juvenal 9.7
/46    *ad uilas:* 'to villages'

Quant est priueement et in abscunditis,
Carnibus utitur regula uetitis.
Si poscat rabies laciui capitis
50　Et presto sit puer, filius militis,
Que il deit adober pro suis meritis,
Qui uirgam suscitet mollibus digitis
Plus menu que moltun hurte des genitis.
Tunc primum apparet uestra dementia,
55　Quando pontificis incontinentia
Et uanitas patet et auaritia,
In quibusdam folie et ignorantia.
Caueat deinceps Beluacus talia!
Si quando uenerit res neccessaria,
60　Eslizez prode clerc de turba socia;
Mandetur filio mater ecclesia,
Vt mater filii sit in custodia.
Tunc cessent inter uos, si qua sunt odia,
Et latens inuicem maliuolencia.
65　Nel di pas pur cestui: assez buen home i a.
Bien set corteissement faire scutilia

/47　*abscunditis:* CL *absconditis*
/49　*laciui:* CL *lasciui*
/50　Cf. Horace *Sat.* 1.2.116-18
/51　'whom he (i.e. the bishop) has to thrash for his misdemeanours'
/52-3　'he (i.e. the bishop), a man who arouses his member with his soft fingers, batters him (i.e. the boy) with his penis more often than a ram'
/57　*folie:* a term familiar to courtly society; Topsfield, *Chrétien de Troyes* p. 314, defines it thus: 'mockery of convention ...; submission to the demands of impulse ....'
*ignorantia:* in courtly literature OF *savoir* suggested the mental discipline which controlled self-indulgence; cf. Topsfield, *Chrétien de Troyes* p. 316; *ignorantia* seems to be an attempt to express in Latin the quality antithetical to *savoir.*
/58　*Beluacus:* Beauvais
/59　*res neccessaria:* i.e. the next occasion for an episcopal election
/60　'from among your own crowd choose an upright cleric'
/65　Vv. 65-8 may be directed to one of the crowd the poet is imagined to be addressing. 'I do not say this on account of this man; he is a very fine fellow. He well knows how to make in a refined manner ...'

56 Primas 16

   Et manches de coltels atque fusilia
   Et marmosez de fust et his similia.
   Hoc bene preuidit urbs Senonensium
70 Et plebis et cleri sanum consilium,
   Ki melz uoldrent eslire fidelem filium
   Quam querere foris aduenam alium.
   Mais un uasal i out, qui, gerens baculum, /
22  Habere uoluit mittram et anulum
75 Et grandem dedisset nummorum cumulum;
   Nam uasis aureis honerasset mulum,
   Vt posset ascribi numero presulum.
   Cil, ki primam uocem out en l'eslectium,
   Vt uir magnanimus reiecit precium,
80 Turpis simonie deuitans uicium.
   Elegit et cepit honestum socium,
   Cleri leticiam, amorem ciuium.
   In eo conuenit uoluntas omnium,
   Neque scisma fuit neque discidium.

/68  *his similia:* cf. Gal. 5:21
/71  'who rather preferred to choose ...'
    *fidelem filium:* Hugh of Toucy was the *praecentor* in the church at Sens before his appointment as archbishop; cf. *Gallia Christiana* 12.86 E.
/73-84 The poet stresses that the election at Sens had been canonical. There had been no simony and both clergy and the faithful members of the church had agreed on the choice of the candidate elected.
/73  'But there was a young man, who ...'
    *baculum:* the man was an abbot.
/74  *mittram et anulum:* the insignia of a bishop
/76  *uasis aureis:* cf. Prudentius *Perist.* 2.174
    *honerasset:* CL *onerasset;* cf. Cicero *Att.* 1.16.12
/77  *presulum:* 'of bishops'
/78  *primam uocem:* probably the dean of the chapter, who in 1151 was a certain Odo; cf. *Gallia Christiana* 12.48. A letter of 1164 from Theobald, Count of Blois, to Louis VII, on the subject of a disputed episcopal election, notes: '... decano ... qui primam vocem habet in electione'; cf. *Recueil des historiens* 16.103 C.
/79  *precium:* 'bribe'
/81  *Elegit:* Hugh of Toucy, Archbishop of Sens 1142-68

85 Molt m'a del suen doné; trestuit l'en mercium.
　　Je fui l'altrier a Senz entor l'acensium;
　　Nec fui spacio duorum mensium.
　　Vnques n'oi in mundo si buen hospicium.
　　Kis mun seignor Reinalt, uirum propicium.
90 Si uellem dicere dulce seruicium,
　　Duorum scilicet adolescencium,
　　Vestes et caligas michi trahencium,
　　Nec erant pilosi more bidencium,
　　Nec murmur resonans contradicencium.
95 Fuge suspicari par mal intencium!
　　In hoc seruicio non fuit uicium;
　　Etas enim mea uergit in senium.
　　Archidiaconus cepit consilium;
　　Apela Iohannem consiliarium:
100 'Mei couient al Primat a faire auxilium;

/85-6　　'He has given me a good part of his belongings; we all thank him for it. The other day I was in Sens around Ascensiontide.'
/88　　　'Never in the world did I have such a good reception.'
/89　　　'I searched after my lord ...'
/90　　　For the subjunctive in protasis and indicative in apodosis cf. Pr. 18.4-8.
/92　　　The poet is given clothing and shoes.
/93-4　　Cf. *Analecta hymnica* ed. G.M. Dreves (Leipzig 1888) II, 75 (no. 97 st. 4.1-2): 'Caeduntur (sancti) gladiis more bidentium,/ Non murmur resonat ...'; cf. also Walt. of Chat. *St. Omer* 30.5.4.
/95　　　*Fuge suspicari:* cf. Horace *Od.* 2.4.22; cf. also 'Ibi uixit Eua diu cum Herueo socio./ Qui hec audis, ad hanc uocem te turbari sencio./ Fuge, frater, suspicari, non sit hic suspicio:/ Non in mundo sed in Christo fuit hec dilectio' in Häring, 'Gedichte des Hilarius' p. 928, 1.97-100
/97　　　Cf. Werner. *Beiträge* p. 21 no. 30: 'Lascivum pectus non debet habere senectus,/ Et contemptibilis solet esse libido senilis.'
/98　　　*Archidiaconus:* a letter of c. 1146 names a certain Stephanus as archdeacon of Sens: cf. *Recueil des historiens* 15.442C, *Ep.* 29. In 1154 the office was held by William, the brother of Hugh, the archbishop of Sens: cf. *Gallia Christiana* 12.48, *Recueil des historiens* 12.296E and 304A.
/100-1　'It is necessary for me to provide assistance for Primas; for he will depend much on this plan.' *Primat:* humorous wordplay on the poet's name, which in OF means 'bishop.' The archdeacon normally

## 58 Primas 16

<blockquote>

Ker il despendra molt ad hoc consilium.'
Auant m'aueit doné unum pellicium:
Vn cheual me dona, bonum cursorium,/
*23*          Pinguem et iuuenem, ambulatorium,
105    Ne clop ne farcimos neque tro<ta>rium
Equitem remisit meum mancipium.
Nunc laudem dicamus precelso iuueni,
Iuueni corpore, set moribus seni!
Nostra Calliope, nunc michi subueni,
110    Ne laudem deteram ob culpam ingeni
Et iram incurram dulcis et sereni,
Et munus merear auene et feni.
Dicam de maximo iuuenum iuuene:
Opem ferte michi, Clio, Melpomene!
115    Docte uos forsitan detinent Athene
Et delectabiles poetarum cene;
Set, que uos retinent, laxentur catene.
Cetere sex ibi maneant Camene;
Vos autem, que turbe principes nouene,
120    Nostre principium date cantilene,
Vt cantare queam de domino bene,
Ne mandare semen uidear harene.
Certus sum de dono prandii uel cene,
Set adhuc de dono dubius auene.

</blockquote>

           advised the bishop on financial affairs.
/102    'Earlier he had given me ...'
/103    *cheual:* a substantial gift; cf. Petrus Pictor *Carm.* 3.95-100
/106    *Equitem:* = *equum;* cf. E. Löfstedt, *Late Latin* (Oslo 1959) p. 134 n. 3. Meyer, *Oxforder Gedichte* p. 25, interprets: 'he sent my servant back (i.e. on the return journey from Sens) on horseback.'
/108    On this commonplace cf. Pet. Ven. *Ep.* 101 on the newly elected bishop of Lisieux; cf. Curtius, *European Literature* pp. 98-101.
/110    Cf. Horace *Od.* 1.6.11-12
/113    *iuuenum iuuene:* on this type of construction cf. Dronke, *ML and Rise of Love-Lyric* I, 188 n. 1
/115    *Docte ... Athene:* cf. Ovid *Her.* 2.83
/115-16 *detinent ... cene:* cf. Horace *Ep.* 1.5.27-8
/122    Cf. Ovid *Her.* 5.115; cf. v. 126 below.

| | |
|---|---|
| 125 | Tunc respondit unus de turba: |
| | 'Re uera semen sterili conmittis harene. |
| | Tu enim cantabis dulcius Sirene, |
| | Dulcius Orpheo seu cigno sene, |
| | Delectabilius uoce philomene, |
| 130 | Et eloquentior eris Origene, |
| | Cum tibi dabuntur due mine plene, |
| | Se je bien le conui.' |
| | 'Frater, tu mentiris et non dicis bene./ |
| | Nam carmen proferam tam pium, tam lene, |
| 135 | Quod uobis madebunt pietate gene. |
| | Ne quid stulte dicam, Iesu, tu me tene!' |
| | Dicatur iuueni: gloria iuuenum, |
| | Pauperum adiutor et baculus senum, |
| | Primatem procurat pauperem, egenum, |
| 140 | Annum iam agentem plus quam quinquagenum. |
| | Il me fesist grant bien ad unguem, ad plenum, |
| | S'il me uolsist doner auenam et fenum. |
| | Seignors, ker li preiez propter Nazarenum, |
| | Quod ipse dignetur prestare auenam et fenum. |
| 145 | Andriu l'a doné il, ki'n a plen son penum |

/125 Cf. Mk. 9:16
/128 *Dulcius Orpheo:* cf. Horace *Od.* 1.24.13
*cigno:* the swan was famed for the sweetness of its dying song.
/130 *Origene:* the Christian philosopher, a byword for eloquence in the 12th C.; cf. Abelard *Theol. Christ.* 2.127
/132 Cf. Walt. of Chat. *Mor.-Sat. Gedichte* 2.14.4
/133 The poet rejects the charge contained in vv. 126-32.
/135 *quod:* = *ut;* cf. Pr. 1.38
*madebunt ... gene:* cf. Pr. 6.12
/138 *baculus:* cf. Tob. 5:23
/139 *pauperem, egenum:* a biblical congeries; cf. Iob 24:14
/140 This would place the poet's birthdate between 1095 and 1100.
/141 'He would grant me a great blessing ...'
/142 'if he consented to give me ...'
/143 'My lords, entreat him for Christ's sake'
/144 *quod ... prestare:* a liturgical phrase, found also in the parodic *Carm. Bur.* (SB) no. 215.XI
/145-6 'to Andrew, who has full provision of it, he has made a gift of oats, whereas I have left in pawn my ...'

60 Primas 17

Et i en ai mis en gage et sellam et frenum.
Mais mis sire Richarz, quem misit Anglia,
Super me commotus misericordia;
'Non est,' ait, 'uirtus, set est socordia;
150 Nec habent hunc morem in nostra patria,
Quod diues prebeat clerico prandia,
Equs non habeat nocte cibaria.'
Dona mei un fustainne et uadimonia
Insuper redemit.
155 cui sit gloria et gratia et copia
omnium bonorum per secula seculorum.

## 17

Alta palus mea parua salus etasque senilis
Me remanere iubent et uia difficilis.
Ecce cauat terram sonipes pede paruus acuto;
Vix retinere potest ungula fixa luto.
5 Quod si me tecum iubeas equitare, grauabor,
Decrepitumque senem conteret iste labor.
Vestra quidem bonitas uestrum ditabit amicum;
Set requiescenti sufficeret modicum./

16/148    Cf. Luc. 7:13
/150    Cf. Virgil *Aen.* 1.539-40
/151    Walther, *Proverbia* 11197
/152    *Equs:* CL *equus*
17/1    *salus:* for the salubrious effect of riding (cf. v. 5 *equitare*) cf. Boethius *De cons. phil.* 3.p.10.130-33
/3    *cauat terram:* cf. Virgil *Geor.* 3.87-8
/4    *ungula fixa:* cf. Prudentius *Perist.* 11.57 (with *ungula* in a different sense)
/5-6    *equitare ... conteret iste labor:* humorous use of sexual language
/6    *Decrepitumque senem:* cf. Maximianus 2.6
/7    Cf. Horace *Epod.* 1.31-2

## 18

Ambianis, urbs prediues,
Quam preclaros habes ciues,
Quam honestum habes clerum!
Si fateri uelim uerum,
Sola rebus in mundanis
Hoc prefulges, Ambianis,
Quod nec clerum nec pastorem
Vsquam uidi meliorem.
Quam sis plena pietate,
Est ostensum in Primate.
Pauper eram, spoliatus;
Apparebat nudum latus;
Spoliarat me latronum
Seua manus et predonum.
Et qui erant hi latrones?
Deciani tabulones.
Nil habentem in crumena
Remisisti bursa plena.
Ergo Remis, ciuitatum
Prima tenens principatum,
Tibi mandat per Primatem,
Quod te facit optimatem,
Vt sis una de supremis,
Digna proles sacre Remis.
Tante matri, tam preclare,
Obedire, supplicare,

18/ See Williams, 'Cathedral School'; McDonough, 'Two Poems.'
/1 *Ambianis:* Amiens
/7 *pastorem:* the bishops of Amiens were Ingelrannus, 1116-27, and Garin de Châtillon, 1127-44
/13 Cf. Luc. 10:30
/16 *Deciani:* devotees of Decius, the patron saint of gamblers; cf. Pr. 1.37
/21-4 '(Reims) sends word to you through Primas that it is appointing you to high rank, in order that you may be one of the highest, a worthy offspring of hallowed Reims.'

Caput suum exaltare,
Illud erit imperare;
Tantam matrem uenerari,
30   Illud erit dominari.
Remis enim per etatem
Prima<m> tenet dignitatem.
Set, quod habet ab antiquo,
Nunc augetur sub Albrico.
35   Per hunc Remis urbs suprema,
Per hunc portat diadema;
Per hunc fulget in corona.
Quam conmendant multa bona!
Set pre cu<n>ctis hanc diuine
40   Fons illustrat discipline,
Fons preclarus atque iugis,
Fons doctrine non de nugis,
Non de falsis argumentis,
Set de Christi sacramentis.
45   Non hic artes Marciani
Neque partes Prisciani,
Non hic uana poetarum,
Set archana prophetarum.

/27  Cf. Ps. 26:6
/33  *antiquo:* an allusion, perhaps, to the story of Reims's foundation by Remus; cf. Flodoard *Hist. Rem. eccl.* 1.1 (PL 135.27C)
/34  *Albrico:* Albericus, director of the school at Reims 1121-36, was elected in 1136 to the see of Bourges, where he died in 1141.
/36  Cf. Eccli. 11:5
/43  *argumentis:* a term from dialectic: cf. Abelard *Hist. cal.* 818. In what follows, the poet contrasts unfavourably the application of dialectical method to theology with the more traditional approach which relied on authority (cf. vv. 48, 50).
/45  *Marciani:* Martianus Capella composed *De nupt. Phil. et Merc.* in the early 5th C.; it contained treatises on the seven liberal arts.
/46  *partes:* sc. *orationis*
     *Prisciani:* early 6th-C. grammarian who wrote *Institutiones grammaticae* in eighteen books. His authority is invoked in connection with the Trinity by Abelard *Theol. 'Sum. bon.'* Bk. 2, p. 44.2f.; p. 63.27f.; cf. Bk. 2, p. 50.18 'teste Prisciano.'

|     | Non leguntur hic poete, |
| --- | --- |
| 50  | Set Iohannes et prophete. |
|     | Non est scola uanitatis, |
|     | Set doctrina ueritatis. |
|     | Ibi nomen non Socratis, |
|     | Set eterne trinitatis. |
| 55  | Non hic Plato uel Thimeus, |
|     | Hic auditur unus deus. |
|     | Nichil est hic nisi sanctum. |
|     | Set in scolis disputa<n>tum |
|     | Sunt discordes et diuersi, |
| 60  | Aberrantes et dispersi; |
|     | Quod hic negat, ille dicit; |
|     | Hic est uictus, ille uicit;/ |
|     | Doctor totum contradicit. |
|     | Nos concordes super idem |
| 65  | Confitemur unam fidem, |
|     | Vnum deum et baptisma. |
|     | Non hic error neque scisma, |
|     | Set pax omnis et consensus. |
|     | Hinc ad deum est ascensus. |

/50    *Iohannes:* the evangelist

/53    *nomen ... Socratis:* with *nomen* ('noun/authority/name') the idea of nominalism is evoked; cf. Abelard *Log. 'Ingr.'* p. 64.29: 'hoc vero nomen quod est Socrates, accidentis designativum dicunt ...'; for Socrates' name used in a discussion of the Trinity, cf. Abelard *Theol. 'Sum. bon.'* Bk. 2, p. 45.28; Bk. 3, p. 77.22f.

/54    On the Trinity Alberic is said by Geoffrey of Auxerre to be 'sane opinionis et doctrine'; cf. N.M. Häring, 'The Writings against Gilbert of Poitiers by Geoffrey of Auxerre,' *Analecta Cisterciensium* 22 (1966) 67; cf. Abelard *Hist. cal.* 131f.

/55    *Thimeus:* Plato's dialogue, *Timaeus;* Plato and the *Timaeus* are cited in remarks on the Trinity in Abelard *Theol. 'Sum. bon.'* Bk. 1, p. 13.5f.; Bk. 2, p. 34.23f.

/56    *unus deus:* cf. v. 66. Abelard *Hist. cal.* 714f. reports that Alberic and Lotulph aroused people by alleging that Abelard had proclaimed three gods (725: 'dicentes me tres deos predicare et scripsisse').

/65-6    Cf. Eph. 4:5

64 Primas 18

70 Ergo iure nostra scola
Singularis est et sola.
Scolam dixi pro doctrina;
O mutare possum in a
Et quam modo dixi scolam,
75 Iam habentem Christi stolam,
Appellare uolo scalam.
Hic peccator sumit alam,
Alam sumit, ut ascendat,
Vt ad deum uolans tendat.
80 Hic fit homo dei templum.
Prope satis est exemplum:
Ecce noster Fredericus
Comes comis et amicus,
Et cum eo Adelardus
85 Valde diues Longobardus;
Generosus puer Oto
Et quam plures pari uoto
Hic aggressi uiam uite
Sacri degunt heremite.
90 Per hanc scolam sursum tracti
Sunt celorum ciues facti;
Hoc preclaro fonte poti
Modo deo sunt deuoti.
Vos, doctrinam qui sititis,
95 Ad hunc fontem qui uenitis
Audituri Iesum Christum,

/73 *O:* cf. the wordplay in 'Errant quidem, inmo peccant qui te uocant anglicum:/ E uocalem interponant et dicant angelicum' in Häring, 'Gedichte des Hilarius' p. 941, vv. 27-8
/80 *dei templum:* cf. 1 Cor. 3:17; note *sanctum* in v. 57 above
/82 *Fredericus:* not identified
/83 *Comes comis:* there is similar wordplay in Walter Map *De nug. cur.* Dist. 5, c. 3 (p. 416.15-16)
/84 *Adelardus:* not identified
/85 *Longobardus:* the Lombards excelled as the bankers of Europe.
/86 *Oto:* possibly Otto of Freising; see Williams, 'Cathedral School' p. 101
/88 *uiam uite:* cf. Act. 2:28

Audietis furem istum?
In conuentu tam sacrato
Audietur iste Gnato?
100 Dignus risu uel contemptu,
Cur hoc sedes in conuentu?
Nunc legistis Salomonem:
Audietis hunc latronem?
Nunc audistis uerbum dei:
105 Audietis linguam rei?
Reus est hic deprehensus,
Verberatus et incensus.
Quod apparet in cocturis,
Que sunt signa capti furis.
110 Quantum gula sit lecatrix,
Nonne signat hec cicatrix?
Reuertatur ad cucullam
Et resumat uestem pullam.
Aut uidebo rursus coqui,
115 Nisi cesset male loqui;
Aut discedat aut taceto
Vel iactetur in tapeto.

/97  *furem:* cf. Io. 10:1f. The identity of this man has not been established; Abelard and Henry of Lausanne have been proposed: cf. Williams, 'Cathedral School' p. 111.
/99  *Gnato:* the parasite in Terence *Eun.* Sidonius Apollinaris *Ep.* 3.13 is an extended attack on a Gnatho, who is described as gluttonous, ridiculous, scarred, beaten, and a spreader of scandal.
/110-11  'Does not this scar proclaim the extent of his gluttonous appetite?'
/110  *Quantum gula sit:* cf. Juvenal 1.140
/113  *uestem pullam:* perhaps an indication that the man was a Benedictine monk; cf. 'O monachi nigri, non estis ad impia pigri, nigra notat vestis, quales intrinsecus estis' in K. Strecker, 'Walter von Chatillon und seine Schule I,' *ZDA* 64 (1927) 97-125 at p. 106. The adjective is often used in CL to describe the dress of mourners; cf. Martial 10.76.8.
/114  *coqui:* 'branded'
/117  Cf. Curtius, 'Musen im Mittelalter' p. 132 n. 4; Peter Howell, *A Commentary on Book One of the Epigrams of Martial* (London 1980) on Martial 1.3.8.

## 19

Egregius dedit hanc iuuenis clamidem sine pelle.
Non habuit pellem; set habebat nobile uelle. /

## 20A

A<u>xilio pellis clades inimica puellis
Carnem non angit nec auis me sordida tangit.

## 20B

Nec pulices ledunt, quia pelle uetante recedunt,
Nec culices timeo, uelante caput conopeo.

## 21

A ducibus Primas petiit duo dona duobus,
    Vt duo dona probent, quam sit uterque probus.

## 22

Dels ego, quinque tulit solidos mulier peregrina,
Et merito, quia grande tulit pondus resupina.

## 23

Diues eram et dilectus
Inter pares preelectus;
Modo curuat me senectus
Et etate sum confectus.
5   Vnde, uilis et neglectus,
A deiectis sum deiectus,
Quibus rauce sonat pectus,

22/1   *Dels:* 'two'
  /2   *grande ... pondus:* for this sexual sense cf. Martial 7.35.4.
       Petronius 92.9
23/    Translation in Whicher, *Goliard Poets* pp. 90-101.

Mensa grauis, pauper lectus,
Quis nec amor nec affectus,
10   Set horrendus est aspectus.
Homo mendax atque uanus
Infidelis et profanus
Me deiecit capellanus
Veteranum ueteranus
15   Et iniecit in me manus,
Dignus dici Dacianus.
Prius quidem me dilexit
Fraudulenter et illexit.
Postquam meas res transuexit,
20   Fraudem suam tunc detexit.
Primas sibi non prospexit
Neque dolos intellexit,
Donec domo pulsus exit.
Satis erat bonus ante,
25   Bursa mea sonum dante,
Et dicebat michi sancte:
'Frater, multum diligam te.'
Hoc deceptus blandimento,
Vt emunctus sum argento,
30   Cum dolore, cum tormento
Sum deiectus in momento,
Rori datus atque uento.
Vento datus atque rori,
Vite prima turpiori
35   Redonandus et errori,
Pena dignus grauiori,
Et ut Iudas dignus mori,
Qui me tradens traditori,

/11   *Homo mendax:* cf. Ps. 115:11
      *mendax atque uanus:* cf. Virgil *Aen.* 2.80
/16   *Dacianus:* cf. Pr. 15.47
/28   Cf. Prov. 28:23
/32-3 On this device cf. Dronke, *ML and Rise of Love-Lyric* I, 261; cf. Pr. 18.77-8.
/34   *prima:* sc. *uita,* an ablative of comparison

**68  Primas 23**

28
40  Dignitatem uestri chori,
    Permutabam uiliori.
       Traditori dum me trado,
       Qui de nocte non est spado,
       Me de libro uite rado
       Et dum sponte ruens cado,
45     Est dolendum, quod euado.
          Inconsulte nimis egi,
          In hoc malum me inpegi,
          Ipse michi collum fregi,
          Qui uos linquens preelegi,
50        Vt seruirem egro gregi,
          Vili malens ueste tegi,
          Quam seruire summo regi,
          Vbi lustra tot peregi.
             Aberraui set pro deo
55           Indulgete michi reo!
             Incessanter enim fleo,
             Pro peccato gemens meo.
                Fleo gemens pro peccatis,
                Iuste tamen et non gratis;
60              Et non possum flere satis,
                Vestre memor honestatis
                Et fraterne karitatis.
                   O quam dura sors Primatis!
                   Quam aduersis feror fatis!
65                 Segregatus a beatis,
                   Sociatus segregatis,
                   Vestris tantum fidens datis,
                   Pondus fero paupertatis.
                      Paupertatis fero pondus.
70                    Meus ager, meus fondus,

/43  *libro uite:* Apoc. 20:12f.
/50  *egro gregi:* 'a spiritually ill community'; cf. Ar. 24.1
/51  *Vili ... ueste:* cf. Ovid *Met.* 8.859, *Ep. Sapphus* 75
/52  *regi:* i.e. Christ
/64  *feror fatis:* cf. Virgil *Aen.* 4.110
/70  *fondus:* CL *fundus*

Primas 23  69

```
        Domus mea totus mundus,
        Quem pererro uagabundus.
        Quondam felix et fecundus
        Et facetus et facundus,
 75     Mouens iocos et iocundus,
        Quondam primus, nunc secundus,
        Victum quero uerecundus.
        Verecundus uictum quero.
        Sum mendicus. ubi uero
 80     Victum queram nisi clero,
        Enutritus in Piero,
        Eruditus sub Homero?
        Set dum mane uictum quero
        Et reuerti cogor sero,
 85     Iam in breui (nam despero)
        Honerosus uobis ero.
        Onerosus et quo ibo?
        Ad laicos non transibo.
        Parum edo, parum bibo.
 90     Venter meus sine gibo
        Et contentus paruo cibo
        Plenus erit paruo libo
        Et, si fame deperibo,
        Culpam uobis hanc ascribo.
29 95       Vultis modo causam scire,
        Causam litis, causam ire,
        Que coegit nos exire?
        Breui possum expedire,
```

/70-71   ager ... mundus: cf. Mt. 13:38
/74      facetus: cf. 'Tu facetus, tu facundus,/ nulli par es aut secundus,/ immo primus omnium' in Bömer, 'Vagantenliedersammlung' (see note to Pr. 2.23) p. 193 st. 1
/81      Enutritus: 'educated'
         Piero: the mountain home of the Muses; cf. Walter Map De nug. cur. Dist. 4, c. 2 (p. 286.4-5)
/86      Honerosus: CL onerosus
/90      gibo: CL gibbo
/93      Cf. Luc. 15:17, Archpoet 1.36.4

## 70  Primas 23

Si non tedet uos audire.

100  'Nos optamus hoc audire
Plus quam sonum dulcis lyre.'

Quidam frater, claudo pede,
Est eadem pulsus ede,
Violenter atque fede,
105  Vt captiuus et pars prede,
Alligatus loris rede
A Willelmo Ganimede.
Frater menbris dissolutus,
Qui deberet esse tutus,
110  (Nam pes erat preacutus),
Nichil mali prelocutus,
Set mandata non secutus,
Calciatus et indutus,
Est in luto prouolutus.
115  Prouolutus est in luto
Frater pede preacuto;
Quem clamantem dum adiuto,
Et putabam satis tuto,
Fui comes prouoluto
120  Et pollutus cum polluto.
Prouoluto comes fui
Et in luto pulsus rui,
Dum pro bono penas lui,
Nullus meus, omnes sui.

/100   Cf. Walther, *Proverbia* 14603: 'Melius est pauperem audire quam sonitum lire.' Vv. 100-1 are interjected by a member of Primas' fictive audience; cf. Pr. **16.**125f.
/102   There begins the account of the incident which led to the poet's expulsion from the church (*ede* v. 103).
/107   *Ganimede:* cf. v. 42 above; a frequent name in medieval poetry for a homosexual. Variant versions record *Palamede* for *Ganimede.*
/108   *dissolutus:* 'crippled'
/110   *preacutus:* the precise meaning is not clear here. It seems to refer to some deformity of the foot, perhaps a clubfoot.

125  Adiuuabant omnes eum,
    Chananei Chananeum,
    Ferezei Ferezeum,
    Et me nemo, preter deum,
    Dum adiuto fratrem meum,
130  Nil merentem neque reum.
    Solus ego motus fleui,
    Fletu genas adinpleui
    Ob magistri scelus seui
    Et dolorem iam grandeui.
135  Quis haberet lumen siccum
    Cernens opus tam iniquum,
    Sacerdotem inpudicum,
    Corruptorem meretricum
    Matronarum et altricum,
140  Seuientem in mendicum,
    Claudum senem et antiquum,
    Dum distractus per posticum
    Appellaret(replens uicum)
    Adiutorem et amicum?
145  Nec adiutor est repertus,
    Nec sacerdos est misertus;
    Ita solus est desertus,
    Totus luto coopertus
    Nec, quo pedem ferret, certus.
150  Accusabam turpe factum
    Propter fratrem sic confractum,/
    Claudum, senem et contractum;

/125  *eum:* i.e, William
/126  *Chananei:* mentioned with the Perrezites (cf. v. 127) as worshippers of different gods in Exod. 23:23f. and Deut. 7:3f; in Prudentius *Ham.* 409-28, both are depicted as being at the devil's command. Cf. allegorization of these two tribes in Rabanus Maurus *Comm. in Ex.* 3.4 (PL 108.130-31) and Hugh of St. Victor *De nupt. carn. et spir.* 2.1 (PL 176.1214B). In vv. 126-7 the followers of William (= *Chananeum, Ferezeum*) are designated as belonging to them.
/134  *grandeui:* i.e. the cripple
/152  *contractum:* 'lame'

## 72 Primas 23

        Et, dum dico 'malefactum,'
        Acusatus dedi saltum.
155     Accusatus saltum dedi.
        Post hec intus non resedi
        Neque bibi nec comedi
        Capellani iussu fedi,
        Qui, quod sacre datur edi
160    Aut inpertit Palemedi
        Aut largitur Ganimedi
        Aut fraterno dat heredi,
        Aut asportant cytharedi
        Vt adquirat bonus credi.
165     Modo, fratres, iudicate,
        Neque uestro pro Primate
        Aberrantes declinate
        A sincera ueritate,
        An sit dignus dignitate,
170    Vel priuandus potestate,
        Senex carens castitate
        Et sacerdos honestate,
        Caritate, pietate.

/159    *quod:* this clause is the object of *inpertit* (v. 160)
        *sacre ... edi* (CL *aedi*): the phrase can refer to a church
/160-61  The contributions made to the church are distributed by the chaplain among his favourites. Curtius, 'Musen im Mittelalter' p. 132 n. 4, interprets the verses to mean that the chaplain squanders his money on gambling and sex.
        *Palemedi:* the inventor of dicing. *Ganimedi:* see v. 107 above.
/163    Abelard *Theol. Christ.* 2.129 deplores the practice of bishops who take gifts given to churches and dispense them among entertainers ('ioculatores, saltatores, incantatores, cantatores turpium'). In this case, the chaplain uses church funds to pay wandering minstrels to publicize his reputation for munificence.
/173    In MS. *H* the poem continues with the following verses after v. 171: 'plenus omni feditate,/ qui, exclusa caritate,/ nos in tanta vilitate,/ quorum fama patet late,/ sic tractavit. Judicate!'

**THE ARUNDEL LYRICS**

London, British Library, MS. Arundel 384

## 74 Arundel 1

**1**

*233r*

**1**
Dionei sideris
 fauor elucessit
 et amantum teneris
  votis allubescit.
5 dum assistit non remota
  sibi stacione,
 celsiore fulget rota
  filius Latone,
 cuius aura graciam
10  spondet non minorem.
 dum salutat Maiam,
 hiis introcedens medius
  Mercurius
 deuotus obtemperat
15  et aggerat
  fauorem.

**2**
Renittenti pallio
 Cybele vestita
 flore comam vario
20  vernat redimita.
 ridet aula Iouialis,
  ether expolitur;
 senectutis Saturnalis
  torpor sepelitur,
25 dum respirat tenere
  gratus odor florum.
 florentis in vbere
 campi canora residet
  nec inuidet
30 Talia sororibus
  nec sedibus
  sororum.

| | |
|---|---|
| 1/1 | *Dionei sideris:* the planet Venus |
| /2 | *elucessit:* CL *elucescit* |
| /5 | Cf. Mart. Cap. *De nupt. Phil. et Merc.* p. 18.16-19; cf. Bern. Silv. *Comm.* p. 1149, where the text of Martianus is recorded as 'statione remota captat.' |
| /8 | *filius Latone:* Apollo, as the Sun |
| /9 | Cf. Mart. Cap. p. 14.20-23 |
| /11 | Cf. Mart. Cap. p. 6.9-10 |
| /14 | Cf. Mart. Cap. p. 17.16 - 18.10 |
| /19-20 | *comam ... redimita:* cf. Martial 8.65.5 |
| /26 | *gratus odor:* cf. Claudian *Nupt. Hon. et Mar.* 240 |
| /27 | Cf. Mart. Cap. p. 20.5-6 |
| /30 | *Talia:* CL *Thalia* |

## 1

3
Exulat pars acrior
anni renascentis.
35 spirat aura gracior
veris blandientis.
rose rubor suis audet
nodis explicari,
Aquilonem sibi gaudet
40 iam non nouercari;
anni triste senium
ver infans excludit.
Aquilonis ocium
terre depingit faciem;
45 temperiem
dans aura veneriis
inperiis
alludit.

4
Brumali tyrannide
50 longe relegata,
seuit puer cuspide
Cyprius armata,
vt nec Hermen caduceus
suus tueatur;
55 nec iam liber est Lieus:
nominis negatur
Bacho priuilegium;
stupet se seruire.
iactitat imperium
60 triumphans proles Veneris
de superis,
cum cogatur iterum
rex superum
mugire.

/33-4    *Exulat ... anni:* cf. Claudian *Nupt. Hon. et Mar.* 54-5
/39    Cf. Ar. 16.2.1-2
/41    Cf. Mart. Cap. 33.10-11; cf. Bern. Silv. *Comm.* p. 541.8f.: 'Senex (i. Saturnus) pingitur quia mundo coeq<u>evum tempus Plato testatur. Legitur etiam modo iuvenis, modo senex quia in vere iuvenescit, in hieme senescit'; cf. Ovid *Met.* 15.199-213 for the parallelism of the seasons and the times of human life.
/42    *ver infans:* cf. Gerald of Wales p. 347.225-6: 'Ver puer est .../ in senio frigida sævit hiems.'
/45    Cf. Mart. Cap. p. 73.17-18
/51-2    *cuspide ... armata:* so also in Ovid *Met.* 1.470: the arrow with which Cupid induces love into Apollo gleams 'cuspide ... acuta.'
/55    *liber:* a pun on Liber, one of Bacchus' names, found as early as Plautus *Capt.* 578; cf. Joseph Iscanus *Bell. Troian.* 2.427-8: '... nomine vero / Bachus Liber erat.'
/62-4    Cf. Claudian *Nupt. Hon. et Mar.* 112-13 (Venus to her son Amor): 'Iterumne Tonantem / Inter Sidonias cogis mugire iuvencas?' The verses allude to the metamorphosis of Jove into a bull to woo Europa; cf. Ovid *Met.* 2.850, Ar. 8.68.

76 Arundel 1

65 Ledit, vrget, vulnerat
puer Cythereus.
lenit, mulcet, temperat
fauor Dioneus.
suo quemque donat pare
70 duo nectens diua,
duos gaudet inflammare
face relatiua;
quo se nullus explicet,
implicat amplexu.
75 et amor ne claudicet
ignem bipertit nexibus
duplicibus.
bino nodus firmior
et cercior
80 fit nexu.

In me telum miserat
Ciprius auratum;
igne ceco clauserat
pectus sauciatum.
85 ambiebam prece, donis,
ambitu beato:
nil profeci, dum Choroni<s>
aditu negato
me procul excluserat
90 mente, domo, thoris.
et cui nil profuerat
illa felix ambicio,
nunc sencio
Dionei nimiam
95 clemenciam
fauoris.

/72-4, 78   Note the puns on logical terms: *relatiua*, cf. Mart. Cap. p. 174.11f.; *explicet*, cf. Boethius *Porphyr.* sec. 1.10: 'dubitationis nodum [cf. *nodus* at v. 78] ... explicare temptabo'; *implicat*, cf. Quintilian *Inst.* 12.2.13: 'dialectica ... utilis ... implicando'; *nodus,* cf. Seneca *Ep.* 82.19.
/74         Cf. Virgil *Aen.* 2.214-15
/75         *claudicet:* cf. Ar. 11.9f.
/81-2       *telum ... auratum:* cf. Ovid *Met.* 1.470
/87         *Choronis:* cf. Ovid *Met.* 2.542; Ar. 4.79, 10.46

2  1
 Preclusi viam floris
 vis reserat caloris;
 laxatis terre poris
 compescuit algoris
5 repagula
 dans aurula
 clemenciam teporis;
 suppululant
 et stimulant
10 blandimenta furoris.

 O vincit Amor omnia!
 felix amor miseria.
 a! dulci morbo langueo,
 quo sic beate pereo.

  2
15 Dum militat Dione
 cum tenero tyrone,
 huic Pallas cum Iunone
 et pauca legione
 se obicit
20 nec proficit
 hoc sudans in agone;
 nam Frigio
 iudicio
 spes rapta est corone.

25 O vincit etc.

2/1 Cf. Bern. Silv. *Comm.* p. 1037.57f.: 'In hieme enim frigore terre pori constringuntur.... Cum autem verna temperies succedit, aperit<ur> terra et parit. Tunc per radices haurit arbor ab intimis humorem, qui, calore trahente, per intimas fistulas scandens apertis poris erumpit et caloris operatione in flores et folia transit.'
/11 Cf. Virgil *Ecl.* 10.69
/12 Cf. 'Igne novo Veneris saucia / Mens, quae prius non novit talia, / Nunc fatetur vera proverbia: / Ubi amor, ibi miseria' in Dreves, 'Profane lateinische Lyrik aus kirchlichen Handschriften,' *ZDA* 39 (1895) 361-8 at p. 363 st. 3
/13 *dulci morbo:* cf. Ovid *Am.* 2.9.26
/15 Cf. rhyme endings in Walt. of Chat. *St. Omer* 28.5: 'Hac igitur ratione / cessat Amor, flet Dyone / de perdito tam subito tyrone. / Studeat et maneat / scolaris in agone, / gaudeat et floreat / spe viridis corone!'
/22 *Frigio* (CL *Phrygio*): the Trojan (here called a Phrygian) Paris awarded the prize for beauty to Venus over Juno and Pallas Athene.

## 78 Arundel 2

<blockquote>

2    3  
       Se sociam laboris  
       pollicita Lichoris  
       remedium langoris  
       dat risus blandioris  
30       lasciuiam,  
       et graciam  
       non abnegat fauoris  
       frons libera,  
       frons tenera  
35      nec prodiga pudoris.

       O vincit etc.

4  
Nec milite votiuo  
castra Diones priuo,  
dum blandi rediuiuo  
40  furoris incentiuo  
excrucior.  
ha! morior.  
vi cuius est quod viuo,  
respondeat  
45  et faueat  
consensu relatiuo!

O vincit amor etc.

5  
Purpurei labelli  
emulans aura melli,  
50  oris honos tenelli,  
mens aliena felli  
    et nutibus  
    locacibus  
me capiunt ocelli,  
55  vt sirtibus  
    felicibus  
mens nequeat auelli.

O vincit Amor omnia etc.

</blockquote>

/27    *Lichoris:* as with Choronis at Ar. 1.87, the name comes from classical love poetry; cf. Virgil *Ecl.* 10.2, Ovid *Am.* 1.15.30. See Serlo of Wilton 20.3.
/33    Cf. Maximianus 1.95
/35    Cf. Ar. 28.5
/52    Cf. Ovid *Am.* 2.5.15-16, Ar. 7.40, 8.16-17
/53    *locacibus:* CL *loquacibus*
/54    Cf. Propertius 1.1.1
/55    *sirtibus:* here in a figurative sense; cf. Joseph Iscanus *Bell. Troian.* 2.417-20: 'Quippe ardua frangit / Virus dulce, pie sirtes, amentia supplex, / Molle malum, morbus hylaris [cf. Ar. 2.13]. Sic vendicat orbem / Exicium venale Venus, ...'; Serlo of Wilton 18.32

3

|     |                   |                  |
| --- | ----------------- | ---------------- |
|     | Ipsa viuere       | michi reddidit!  |
|     | cessit prospere,  | spe plus accidit |
|     | menti misere;     |                  |
|     | que dum temere    | totam tradidit   |
| 5   | se sub Venere,    |                  |
|     | Venus ethere      | risus edidit     |
|     | leto sidere.      |                  |
|     | desiderio         | nimis officit,   |
|     | dum vix gaudio    | pectus sufficit, |
| 10  | quod concipio,    |                  |
|     | dum venerio       | Flora reficit    |
|     | me colloquio,     |                  |
|     | dum, quem haurio, | fauus allicit    |
|     | dato basio.       |                  |
| 15  | sepe refero       | cursum liberum   |
|     | sinu tenero,      | sic me superum   |
|     | addens numero.    |                  |
|     | cuntis impero     | felix, iterum    |
|     | si tetigero,      |                  |
| 20  | quem desidero,    | sinum tenerum    |
|     | tactu libero./    |                  |

| | |
|---|---|
| 3/ | Translation in Helen Waddell, *Mediaeval Latin Lyrics*, Penguin Books (Harmondsworth 1968) p. 291 |
| /2 | *cessit prospere:* cf. 2 Mach. 12:11 |
| /4 | *que:* antecedent is *mens* |
| /7 | *leto* (CL *laeto*): cf. Ar. 8.15, 9.5, 16.1.9 |
| /9 | Similar thought in Ar. 8.16-19, 12.28-30 |
| /18 | *cuntis:* CL *cunctis* |

## 4

|  |  |  |  |
|---|---|---|---|
|  | 1a |  | 1b |
|  | A globo veteri |  | Que causas machine |
|  | cum rerum faciem |  | mundane suscitans, |
|  | traxissent superi, |  | de nostra virgine |
|  | mundi que seriem |  | iam dudum cogitans, |
| 5 | prudens explicuit | 15 | plus hanc excoluit, |
|  | et texuit, |  | plus prebuit |
|  | Natura |  | honoris, |
|  | iam preconceperat, |  | dans priuilegium |
|  | quod fuerat |  | et precium |
| 10 | factura. | 20 | laboris. |

4/         Maria Rosa Lida de Malkiel, 'La dama como obra maestra de Dios' in *Estudios sobre la literatura española del siglo XV* (Madrid 1977) pp. 179-290; H. Brinkmann, *Geschichte der lateinischen Liebesdichtung* pp. 88-93; Dronke, 'Peter of Blois' p. 220; F. Munari, 'Mediaevalia I-II,' *Philologus* 104 (1960) 288; *Carm. Bur.* (HS) no. 67; Faral, *Arts poétiques* p. 80.

/1         Cf. Bern. Silv. *Cosmogr.: Megacosmos* 1.1f.: 'Congeries informis adhuc, cum Silva teneret/ Sub veteri confusa globo primordia rerum,/ Visa deo Natura queri, ...'

/11-12   *machine mundane:* 'terrestrial world'; cf. Prudentius *Ham.* 248-9

/15       Cf. Gerald of Wales p. 350.43: 'Sic hanc excoluit, sic hanc natura beavit, ...'
For other poems on the topos of Nature creating a beautiful woman or man cf. Häring, 'Gedichte des Hilarius' pp. 932, 934, 940, 942.

/18       Cf. Bern. Silv. *Cosmogr.: Microcosmus* 3.1 (Noys speaks to Natura): 'Sed quoniam par est diligentem opificem claudentes partes operis digna consumatione finire, visum est michi in homine fortunam honoremque operis terminare. Inpensioribus eum beneficiis, inpensioribus eum inpleam incrementis, ut universis a me factis animalibus quodam quasi dignitatis privilegio et singularitate concertet.'

/21       *In hac:* sc. *uirgine*

/29       *auara:* sc. *Natura*

4   2a
    In hac pre ceteris
    tocius operis
    Nature lucet opera,
    tot munera
25  nulli fauoris contulit,
    set extulit
    hanc vltra cetera.

    3a
35  Nature studio
    longe venustata,
    contendit lilio
    rugis non crispata
    frons niuea.
40  simplices syderea
    luce micant ocelli.

    4a
    Ab vtriusque luminis
50     confinio
    moderati libraminis
       indicio
    naris eminencia
       producitur venuste.
55  quadam temperancia
    nec nimis erigitur
    nec premitur
       iniuste.

    2b
    Et, que puellulis
    auara singulis
30  solet partiri singula,
    huic sedula
    inpendit copiosius
    et plenius
    forme munuscula.

    3b
    Omnes amancium
    trahit in se visus,
    spondens remedium
45  verecunda risus
    lasciuia.
    arcus supercilia
    discriminant gemelli.

    4b
    Allicit verbis dulcibus
60     et osculis,
    castigate tumentibus
       labellulis,
    roseo nectareus
       odor infusus ori.
65  pariter eburneus
    sedet ordo dencium
    par niuium
       candori.

/40-41   *syderea luce:* cf. Ovid *Met.* 4.169.   *micant ocelli:* cf. Ovid *Met.* 3.33
/47      Cf. Gerald of Wales p. 349.11-12: 'prodit in arcum/ Forma supercilii'
/53      Cf. Gerald of Wales p. 349.15-16: 'Naris naturae vultum supereminet arte,/ Nec trahit hanc modicam, nec nimis in vitium.'
/61-2    Cf. Maximianus 1.97
/63-4    *roseo ... ori:* cf. Ovid *Met.* 7.705
         *nectareus odor:* cf. Gerald of Wales p. 349.20: 'nectaris ... odor'
/65-6    *eburneus ... ordo:* cf. Gerald of Wales p. 349.19: 'os ornat eburneus ordo'

4   5a
        Certant niui, micant lene
70      pectus, mentum, colla, gene;
            set, ne candore nimio
        euanescant in pallorem,
        precastigat hunc candorem
            rosam maritans lilio
75              prudencior Natura,
        vt ex hiis fiat apcior
            et gracior
            mixtura.

    5b
        Rapit michi me Coronis,
80      priuilegiata donis
            et Gratiarum flosculis.
        nam Natura, dulcioris
        alimenta dans erroris,
            dum in stuporem populis
85              hanc omnibus ostendit,
        in risu blando retia
            veneria
            tetendit.

5   1   Estiuali Clarius sublimatus rota
        estuat vicinius vi caloris tota.
        flamme vis alterius michi non ignota
        vrit me propinquius, licet plus remota.

        Flammis volens ingeri minus vri sicio;
        minus vrar veteri traditus incendio.

    2   Intimi profunditas estuat ardoris,
        vires agens tacitas nec apparens foris.
        mira flamme nouitas, noua vis caloris:
        minuit propinquitas flamme vim feruoris.

        Flammis etc.

    3   Egra mens absenciam sustinet inuita,
        sompnii per graciam plurimum lenita:
        reparat presenciam, volat expedita,
        exulat in patriam, corporis oblita.

        Flammis volens etc.

4/84    *in stuporem:* biblical; cf. e.g. Ier. 19: 8
5/1/1   *Clarius:* Apollo

5 4 Felix in exilium mens peregrinatur.
sompni per obsequium misere beatur.
nam dum sic colloquium virginis venatur,
cassum sopor gaudium fugat, dum fugatur.

Flammis etc.

5 Carceris inpaciens, sui facta iuris,
euolat mens nesciens cohiberi muris.
sompniorum blandiens sibi coniecturis,
ouat, spem concipiens letam de futuris.

Flammis etc.

6 Dulcibus mens sompniis languens recreatur.
suis se deliciis frui contemplatur.
verbis, risu, basiis vane gloriatur
et sibi ficticiis lusibus nugatur.

Flammis volens etc.

7 O si sic euenerit! o si res futura
sompno fidem dederit, o fatorum cura!
o si sic predixerit, que si<n>t euentura,
mistica promiserit sompnii figura!

Flammis etc.

8 Regibus preuehere vel equare stellis,
dulcibus eruere potest me procellis:
si de labris carpere detur fauum mellis,
os dilecte lambere roseum labellis.

Flammis etc.

5/5/3 *sompniorum ... coniecturis:* cf. Dan. 2:5-6
/6/4 *sibi ... nugatur:* 'deceives itself'
/7/4 *mistica ... figura:* 'symbolic meaning'; cf. Prudentius *Psych. praef.* 58
/8/2 *potest:* subject is the 'she' of the poem
/8/3 Cf. Cant. 4:11

**6**

Brume torpescunt <frigora>;
set nescit sequi tempora
  mens nescia torpere.
euertit hyems equora:
set mea nouit anchora
  tenacius herere.
Tuo nunc portu, Florula,
me sors amouit emula:
  set sufficit prebere
tui fauoris aurula,
ne sirtes, ne pericula
  me valeant tenere.
In fluctus proram dirigo
procul /

**7**

1
Plaudit humus, Boree
fugam ridens exulis.
pullulant arboree
nodis come patulis.
gaudet Rea coronari
  nouis frontem flosculis,
olim gemens carcerari
  sui seuis vinculis.

Felix morbus, qui sanari
nescit sine morbo pari!

2
Ethera Fauonius
induit auiculis.
ornat mundum Cyprius
sacris dium copulis.
castra Venus renouari
  nouis ouat populis
et tenellas populari
  blandis mentes stimulis.

Felix morbus etc.

| | |
|---|---|
| 6/1 | For a similar thought cf. Ar. 8.6f. |
| /4 | *euertit ... equora:* cf. Virgil *Aen.* 1.43 |
| /5-6 | Cf. Boethius *De cons. phil.* 2.p.4.31-4 |
| /14 | *procul:* the poem breaks off here |
| 7/ | Text and translation in Adcock, *Virgin and Nightingale* pp. 66-9 |
| /5 | Cf. Bern. Silv. *Comm.* p. 541.13f.: 'Opis vero vel Rhea vel Berecinthia vel Cibele coniugis eius (i. Saturni) nomina sunt, que modo terre, modo primordialis materie nomina sunt. Dicitur enim terra Rhea Grece, ....' Cf. Ar. 16.2.7 |
| /8 | *sui:* refers back to *Rea* |

## 7

### 3

20 Tuum, Venus, haurio
venis ignem bibulis.
tuis, Flora, sicio
fauum de labellulis.
Flora, flore singulari
25  preminens puellulis,
solum sola me solari
soles in periculis.

Felix etc.

### 4

Rapit nobis ludere
30  dictis liuor emulis,
nos obliquis ledere
gaudens lingue iaculis.
nolo volens absentari,
votis vror pendulis.
35  fugi, timens te notari
nigris fame titulis.

Felix morbus etc.

### 5

In discessu dulcibus
non fruebar osculis.
40  salutabas nutibus
pene loquens garrulis.
fas non erat pauca fari.
fuere pro verbulis,
quas, heu, vidi diriuari
45  lacrimas ex oculis.

Felix morbus, qui sanari
nescit sine morbo pari!

/9      Cf. Propertius 2.1.57-8
/14     *dium:* = *deum*, genitive plural; cf. Mart. Cap. p. 3.6
/20-21  *haurio ... ignem:* cf. Virgil *Aen.* 4.661
/26     Cf. similar wordplay at Ar. 12.36
/45     *lacrimas:* attracted into the accusative after *quas*

## 8

**1**
Seuit aure spiritus
  et arborum
come fluunt penitus
  vi frigorum;
silent cantus nemorum.
nunc torpescit vere solo
  feruens amor pecorum;
semper amans sequi nolo
  nouas vices temporum
    bestiali more.

**2**
Nec de longo conqueror
  obsequio;
nobili remuneror
  stipendio;
leto letor premio.
dum salutat me loquaci
  Flora supercilio,
mente satis non capaci
  gaudia concipio,
    glorior labore.

**3**
Michi sors obsequitur
  non aspera.
dum secreta luditur
  in camera,
fauet Venus prospera.
nudam fouet Floram lectus;
  caro candet tenera;
virginale lucet pectus,
  parum surgunt vbera
    modico tumore.

**4**
Hominem transgredior
  et superum
sullimari glorior
  ad numerum,
sinum tractans tenerum
cursu vago dum beata
  manus it et vberum
regionem peruagata
  descendit ad vterum
    tactu leuiore.

8/     *Carm. Bur.* (HS) no. 83; translation in Whicher, *Goliard Poets* p. 65; text and translation in Adcock, *Virgin and Nightingale* pp. 60-65. The refrain for which rhythmical and rhyme schemes are given under Ar. 8 in the Introduction (see p. 14 above) is found only in Munich MS. lat 4660 (*B*). Meyer, *Arundel Sammlung* p. 19, prints it: 'En gaudia    felicia!/ quam dulcia    stipendia/ sunt hec hore    nostre Flore!'

/6     *vere solo:* to be construed with *feruens*
/15     *leto:* CL *laeto*
/16-17     *loquaci ... supercilio:* cf. Ovid *Am.* 1.4.19
/20     Cf. Ar. 11.1f.
/29     *parum:* = *paululum*
/31     Cf. Walt. of Chat. *St. Omer* 21.4: 'Dum contemplor oculos/ instar duum syderum/ et labelli flosculos/ dignos ore superum,/ transcendisse videor/ gazas regum veterum,/ dum semel commisceor/ et iterum.'

## 8

### 5

A tenello tenera
    pectusculo
distenduntur latera
    pro modulo;
45 caro carens scrupulo
leuem tactum non offendit.
gracilis sub cingulo
vmbilicum preextendit
paululum ventriculo
50     tumescenciore.

### 6

Vota blando stimulat
    lenimine
pubes, que vix pullulat
    in virgine
55 tenui lanugine.
crus vestitum moderata
    tenerum pinguedine
leuigatur occultata
    neruorum compagine
60     radians candore.

### 7

O si forte Iupiter
    hanc videat,
timeo, ne pariter
    incaleat
65 et ad fraudes redeat,
siue Danes pluens aurum
    ymbre dulci mulceat
vel Europes intret taurum
    vel Ledeo candeat
70     rursus in olore.

/33 *sullimari:* CL *sublimari*
/44 'in harmonious measure' (?)
/47 *gracilis:* referring to Flora; either nominative or genitive depending on *cingulo;* cf. Matthew of Vendôme *Ars vers.* 1.57.3-4
/49 *ventriculo:* cf. Ovid *Am.* 1.5.21 for the motif
/56-7 *crus ... tenerum:* cf. Horace *Sat.* 1.2.81
/61 Cf. Lehmann, *Parodie* p. 104
/65 Cf. Statius *Silv.* 1.2.130f.; Sidonius *Carm.* 11.89-90: 'nec minus haec species totiens cui Iuppiter esset / Delia, taurus, olor, Satyrus, draco, fulmen et aurum.'
/66-70 Allusion to Leda, Danae, and Europa together is found in Ovid *Am.* 3.12.33-4. See W. Wattenbach, 'Jupiter und Danae,' *ZDA* 18 (1875) 457-60 at p. 460 sts. 25-7.

## 9

**1**

Dum rutilans Pegasei
  choruscat aurum velleris,
auricomi fauor dei
  risum serenat etheris.
leta suos Dyonei
  salutat aura syderis;
castra densantur Veneris,
  volant tela Cytherei.

    Felicibus
stipendiis
suos Venus remunerat,
  dum lusibus
  et basiis
medetur hiis, quos vulnerat.

**2**

Fastidiens rex Iunonem,
  non imperat lasciuie;
suam Ianus Argionem
  bina miratur facie.
Et causatur in Plutonem
  Ceres de raptu filie;
vsum Mauors milicie
  suam vertit ad Dionem.

    Felicibus etc.

**3**

Miscet Venus venenata
  felle felici pocula,
melle puer toxicata
  torqet alatus iacula.
corda sanant sauciata
  lusus, amplexus, oscula.
hiis me bearas, Florula,
  michi totum me furata.

    Felicibus etc.

**4**

Nobis yemps ver amenum
  nullo fuscata nubilo
dum faueret sors ad plenum.
  set nobis nunc flat Aquilo.
dum erumpit in venenum
  sinistro liuor sibilo,
fame dampnatur iubilo
  nostre sortis ver serenum.

    Felicibus etc.

---

| 9/ | Dronke, 'Peter of Blois' p. 221 |
| --- | --- |
| /1-2 | *rutilans ... aurum:* cf. Mart. Cap. p. 12.7-8 |
| | *Pegasei ... velleris:* Aries; cf. Ar. 16.1.7 |
| /3 | *auricomi ... dei:* Apollo; cf. Mart. Cap. p. 11.15 |
| /4 | Cf. Mart. Cap. p. 14.11-14 |
| /17-18 | *Argionem:* the wife of Janus; cf. Mart. Cap. p. 6.1 |
| /27 | *torqet* (CL *torquet*) ... *iacula:* cf. Virgil *Aen.* 10.585 |
| /44-5 | Cf. Hans Walther, 'Zur Geschichte eines mittelalterlichen Topos' |

                    9       5
                            Viuat amor in ydea,
        234v               ne diuulgetur / opere.
                            viuam tuus, viue mea,
                    45      nec properemus temere!
                            dabit adhuc Cytherea
                            videre, loqui, ludere:
                            nos pari iungat federe
                            relacio Dionea.

                    50      Felicibus
                            stipendiis etc.


10      1a                                  1b
        Grates ago Veneri,                  Dudum militaueram
        que prosperi                        nec poteram
        michi risus numine          10      hoc frui stipendio;
        de virgine                          nunc sencio
5       mea gratum                          me beari,
        et optatum                          serenari
        contulit tropheum.                  nutum Dyoneum.


                    in *Liber floridus* ed. B. Bischoff and S. Brechter (St. Ottilien
                    1950) p. 159
        9/46        Cf. Bern. Silv. *Comm.* p. 301.26f.: 'Veneris et Bachi preter Hime-
                    neum quinque legimus filios: tres Gratias, Iocum et Cupidinem.
                    Quos arbitror esse illos quinque gradus amoris, quos comprehendit
                    versus iste: "Visus et alloquium, contactus et oscula, factum".'
                    Cf. Ar. 10.15f.
        10/         *Carm. Bur.* (HS) no. 72; Dronke, 'Peter of Blois' p. 222; Zeydel,
                    *Vagabond Verse* p. 141; text and translation in Adcock, *Virgin and*
                    *Nightingale* pp. 46-51
            /8      Cf. Ovid *Am.* 1.9.1

## 2a

15  Visu colloquio
    contactu basio
    frui virgo dederat;
    set aberat
    linea posterior
20  et melior
    amoris.
    quam nisi transiero
    de cetero,
    sunt, que dantur alia,
25  materia
    furoris.

## 3a

    Delibuta lacrimis
40  oscula plus sapiunt;
    blandimentis intimis
    mentem plus alliciunt.
    ergo magis capior
    et acrior
45  vis flamme recalescit.
    set dolor Choronidis
    se tumidis
    exerit singultibus
    nec precibus
50  mitescit.

## 2b

    Ad metam propero;
    set fletu tenero
    mea me sollicitat,
30  dum dubitat
    soluere virguncula
    repagula
    pudoris.
    flentis bibo lacrimas
35  dulcissimas;
    sic me plus inebrio,
    plus haurio
    feruoris.

## 3b

    Preces addo precibus
    basiaque basiis;
    fletus illa fletibus,
    iurgia conuiciis.
55  meque cernit oculo
    nunc emulo,
    nunc quasi supplicanti.
    nam nunc lite dimicat,
    nunc supplicat,
60  dumque prece blandior,
    fit surdior
    precanti.

/15  Cf. Donatus *Comm.* on *Eun.* 640: '... quinque lineae perfectae sunt ad amorem: prima uisus, secunda alloquii, tertia tactus, quarta osculi, quinta coitus'; cf. Curtius, *European Literature* pp. 512-14; cf. note on Ar. 9.46; see further K. Helm, 'Quinque lineae amoris,' *Germanisch-romanische Monatsschrift* 29 (1941) 236-46.

/19  F.J.E. Raby, 'Surgens Manerius summo diluculo ...,' *Speculum* 8 (1933) 204-8 at p. 206 compares: 'vidit et loquitur, sensit os osculans,/ et sibi consulens et regis filie / extremum veneris concessit linee.'

/23  *de cetero:* 'in the future'; cf. Walt. of Chat. *St. Omer* 22.4.8f.: 'De cetero/ non utar utero,/ quia non lavero luteum laterem.'

/24  *que dantur alia:* cf. vv. 15-17; cf. Ovid *A.A.* 1.669-70

/27  Cf. Ovid *A.A.* 2.727

/32  Cf. Walt. of Chat. *St. Omer* 32.7.3: 'non frangam castitatis/ repagula.'

/34  *bibo lacrimas:* cf. Ovid *Trist.* 3.4.39-40

## 10   4a

|    |                        |    | 4b                      |
|----|------------------------|----|-------------------------|
|    | Vim nimis audax infero; |    | Set tamen vltra milito, |
|    | hec vngue seuit aspero, |    | triumphans de proposito. |
| 65 | comas vellit,          | 75 | per amplexus            |
|    | vim repellit           |    | firmo nexus,            |
|    | strenua;               |    | brachia                 |
|    | sese plicat            |    | eius ligo,              |
|    | et intricat            |    | pressa figo             |
| 70 | genua,                 | 80 | basia.                  |
|    | ne ianua               |    | sic regia               |
|    | pudoris resoluatur.    |    | Dyones reseratur.       |

## 11   1

|    |                        |    | 2                       |
|----|------------------------|----|-------------------------|
|    | In laborem sponte labor |    | Me spes ceca, claudus amor, |
|    | nec inuitus pacior,    | 10 | recte vie nescia,       |
|    | quod me pati glorior.  |    | distrahunt in deuia.    |
|    | o quam felix ille labor, |    | amo quidem, set non amor; |
| 5  | illa paciencia,        |    | nec quod errem, nescio, |
|    | cuius comes gloria!    |    | set scienter deuio.     |
|    | nullum tali miserabor  | 15 | hoc errore si diffamor, |
|    | beatum miseria.        |    | placet diffamacio.      |

### 3

|    |                        |    | 4                       |
|----|------------------------|----|-------------------------|
|    | Iugis cura, perpes angor | 25 | Dum reniti posse nitor, |
|    | me salutis auidum      |    | ne ledat propinquitas,  |
|    | vetant esse validum.   |    | non valet longinquitas, |
| 20 | mira peste tortus angor; |    | quin ignitus eius nitor |
|    | quod non licet aueo:   |    | me succendat propius.   |
|    | quod volo non valeo,   | 30 | et quo moror longius,   |
|    | nisi relatiuus langor  |    | flamma propiore citor,  |
|    | sanet hunc quo langueo. |    | vt reuertar cicius.     |

10/55f.   Cf. Ar. 16.4.5-7
  /56     *emulo:* 'grudging'
  /79-80  *figo basia:* cf. Virgil *Aen.* 1.687
11/13-14  Cf. Ovid *Met.* 7.92f.
  /23     *relatiuus:* 'mutual'

## 12

**1**
Iam vere fere medio
ver senescente Marcio
Fauonio
flores mandat,
quos expandat
aëris arbitrio.
Fert Aprilis
Aperil<is>
nomen ab officio.

**2**
Resumens vsum veterem,
non dedignando Venerem
degenerem,
amo quidem:
nec hoc idem,
si liceret, agerem.
set inuitus
aro litus
atque lauo laterem.

**3**
Meam laboro fieri,
que nec se flectit Veneri
nec muneri
sese spondet;
nec respondet
cultum litus Cereri
nec abluto
sine luto
datur esse lateri.

**4**
Tanto datus flagicio
vix sentire sufficio,
quod sencio.
vsus mali
malum tali
temperat remedio,
vt sit idem
michi pridem
solus pro solacio.

**5**
Vix spero sub hanc sarcinam
diem durare crastinam.
set vtinam
pena queuis,
que sit breuis,
terminet diutinam,
vt vel mori
vel dolori
viuere sic desinam.

**6**
At spero, morbus cederet,
si, quam mei non miseret,
me viseret.
hec me nisi,
quam premisi,
spes adhuc reficeret,
in inmensum
sui sensum
dolor hic produceret.

12/  Bischoff, 'Vagantenlieder' pp. 94-5
/7   *Aprilis:* cf. Isidore *Etym.* 5.33.7: 'Aprilis ... quia hoc mense omnia aperiuntur in florem, quasi Aperilis'; Ovid *Fast.* 4.87-90
/17  Cf. Ovid *Trist.* 5.4.48; cf. Walther, *Proverbia* 13914-16
/18  Cf. Terence *Phor.* 186, cf. note on Ar. 10.23; both *aro litus* and

|    | 12 | 7                      |      | 8                      |
|----|----|------------------------|------|------------------------|
| 55 |    | Medenti se fax oculit, | 64   | Videtur enim pluribus  |
|    |    | que me latenter perculit; | 235r | quod sic/laborem febribus; |
|    |    | nec contulit           |      | set omnibus            |
|    |    | medicinam,             |      | horis cremor,          |
|    |    | qui vrinam,            |      | nec me tremor          |
| 60 |    | non vrine consulit,    |      | suis quatit vicibus.   |
|    |    | dum humorem,           | 70   | non est febris,        |
|    |    | non amorem,            |      | quod tam crebris       |
|    |    | morbi causam protulit. |      | me cremat ardoribus.   |

9
Cum quo langore dimico,
iam certo satis indico
75     pronostico;
nec ignoro,
quo laboro,
set vt de me iudico
vel egrotus
80  magis notus
michi sum quam medico.

*lauo laterem* are proverbial expressions for the impossible. See A.C. Friend, 'Proverbs of Serlo of Wilton,' *MS* 16 (1954) 193-4.

/38 *diem ... crastinam:* biblical; cf. Mt. 6:34
/42 *diutinam:* sc. *penam*
/55 *oculit:* CL *occulit*
/59-60 *vrinam ... consulit:* a play on the two meanings of *urina*, 'urine' and 'sexual desire'; for the latter sense cf. Juvenal 11.170. There are further allusions in Horace *Sat.* 2.7.52 and Persius 6.73 to the confusion of urine and semen.
/61 *humorem:* i.e. *urinam*
/75 *pronostico:* CL *prognostico*
/79 *vel egrotus:* 'even though ill'

## 13

**1**
O cunctis liberalior,
cuius amore morior,
ne moriar amore,
fias amanti micior!
des vt agam, qui pacior,
sine prot<r>actu more!

**2**
Dum, quod expectem, moneor,
et blanda voce moueor
et dulcibus responsis.
et expectarem, fateor;
set expectare vereor,
donec soluendo non sis.

**3**
Non horam certam nominas,
set moras perdiutinas
me protrahis inuito.
'erit, erit' ingeminas
et termino determinas
tempus indefinito.

**4**
Cum canis surget angulis
presectis rigens stipulis
iam barba, non lanugo,
pilorum pungar iaculis
et tunc offendar osculis,
que nunc libenter sugo.

**5**
Quod adhuc places pauculis,
solis debes nouaculis.
sis ergo memor eui!
non parcit euum singulis
nec breue regnum populis:
nec parce regno breui!

**6**
Quid regno forme breuius
aut forma quid infirmius
est in sexu virili?
nempe cogunt, vt cicius
matre senescat filius,
non tempora set pili.

13/ Dronke, 'Peter of Blois' p. 225; text and translation in Adcock, *Virgin and Nightingale* pp. 52-5

/5 *agam ... pacior:* terms of sexual significance wittily conveyed through grammatical puns; *Alterc. Gan.* st. 8.3f.: 'Sed ignorans Frigius vicem predicati/ Applicat se femine, tanquam vellet pati'; cf. Pr. 11.4. See John A. Alford, 'The Grammatical Metaphor: A Survey of its Use in the Middle Ages,' *Speculum* 57 (1982) 728-60.

/7 *quod expectem:* 'that I should wait'

/8 *blanda voce:* cf. Ovid *A.A.* 1.703

/12 'until you are not in a position to pay' (i.e. that the beloved will keep him waiting until he is too old to give him what he longs for); for an example of *soluendo esse* cf. Seneca *Ep.* 118.1

/13 *horam certam:* cf. Ovid *Trist.* 1.3.53-4

/17-18 The force of the play on these grammatical terms lies in its literal reference to the future tense *erit* in v. 16 above.

/19 *angulis:* referring to the 'sharp points' of a stiff beard

/27 Cf. Horace *Sat.* 2.6.97

/28-9 Cf. Statius *Theb.* 2.446: 'non parcit populis regnum breue'; Walther,

13  7
  At me solari solitus
   cum de te bonos exitus
   sponderes in futuro,
40 tunc eram tibi deditus.
   nunc es miles emeritus;
   nunc de te minus curo.

  9
  Parce, precor, et, quoniam
50 pecco per inpericiam,
   peccatum non require!
   quos vrget ad iniuriam,
   pro hiis Amor ad veniam
   debet interuenire.

   8
   Iam mea querit seruitus
   in libertatem reditus.
45 iam, iam me manumittas!
   prius te perdam penitus,
   quam Licino te primitus
   et michi post submittas.

   10
55 Me procul a me statuit
   Amor et interposuit
   se mee racioni.
   ergo lingua quid potuit,
   cognata si non habuit
60 verba discrecioni?

14  1a
   Vacillantis trucine
      libramine
   mens suspensa fluctuat
      et estuat
5  in tumultus anxios,
   dum se vertit
   et bipertit
     motus in contrarios.

   1b
   Me vacare studio
10    vult racio.
   set <dum> amor alteram
      vult operam,
   in diuersa rapior.
   racione
15 cum Dione
      dimicante crucior.

   O langueo.
   causam langoris video
      nec caueo
20 videns et prudens pereo.

*Proverbia* 18197
13/44  *reditus:* object of *querit*
  /47  *Licino:* a barber; cf. Horace *A.P.* 301
  /49  *Parce, precor:* an Ovidian phrase; cf. *Met.* 2.361-2
14/    Dronke, 'Peter of Blois' pp. 200-3; *Carm. Bur.* (HS) no. 108
  /1   *trucine:* CL *trutinae*
  /3f. Cf. Virgil *Aen.* 12.486-7
  /13  Cf. Iob 20:2
  /20  Cf. Terence *Eun.* 72-3

## 14

2a
    Sicut in arbore
        frons tremula,
        nauicula
    leuis in equore,
25    dum caret anchore
        subsidio,
    contrario
    flatu concussa fluitat:
        sic agitat,
30   sic turbine sollicitat
        me dubio
    hinc amor, inde racio.

2b
    Sub libra pondero
        quid melius,
35    et dubius
    mecum delibero.
    nunc menti refero
        delicias
    venerias,
40   que mea michi Florula
        det oscula,
    qui risus, que labellula,
        que facies,
    frons, naris aut cesaries.
45    O langueo etc.

3a
    Hiis inuitat
        et irritat
    amor me blandiciis.
        set aliis
50   racio sollicitat
        et excitat
    me studiis.

3b
    Nam solari
        me scolari
55   cogitat exilio.
        set, racio,
    procul abi! vinceris
        sub Veneris
    imperio.
60    O langueo
    causam langoris etc.

/23 f.    Cf. Ovid *Met.* 8.470 f. for this comparison.

**15  1**

    Spoliatum
    f<l>ore pratum,
    dum seuiret Aquilo,
      ver colorat
5      et reflorat,
    leui fauens sibilo.
    Tauro Phebum Iupiter
    suscipit benigne.
    fero Iesus nouiter
10  Veneris insigne;
    felix infeliciter
    Flore succendor igne.

    Ha!
    quam dulcia
15  sunt gaudia
    fideliter amantis!
    incendia
    blesencia
    <sunt> voces adulantis.

**2**

    Expolitus
    et mollitus
    sermo super oleum
    me seducit,
5     dum inducit
    multiformem Protheum.
    vanis lactat fabulis
    et, vt remorbescat
    mentis dolor exulis,
10  vt in mortem crescat,
    infelicem osculis
    sophisticis inescat.

    Ha, quam dulcia etc.

**3**

    Adulando
    risu blando
    mollit et effeminat,
    depredatur
5     et furatur
    mentes quas infascinat.
    pauperis alloquium
    cauet et declinat;
    copiose dancium
10  votis se supinat,
    faui stillicidium
    in osculo propinat.

    Ha, quam dulcia etc./

---

15/1/7    Cf. Bern. Silv. *Comm.* p. 583.47f.: 'Recipit autem Taurus solem in Aprili, qui mensis est vernalis'
/1/12  *succendor igne:* frequent congeries in the Bible; cf. e.g. Is. 1:7
/1/18  *blesencia:* 'the words of a lover are whispering fires'; Dronke, 'Peter of Blois' p. 229, detects in *blesencia* a wordplay on and by Petrus Blesensis.
/2/2-3  Cf. Ps. 54:22

## 98 Arundel 16

        **15**    4
*235v*

                Hiis deuota
                mente tota,
                nichil dantes abdicat.
                in crumenam
        5      nummis plenam
                dulces dolos fabricat.
                blandi studet vrere
                risus incentiuo;
                spreto transit paupere,
      10     dum adquisitiuo
                construendi genere
                se copulat datiuo.

                Ha, quam dulcia etc.

**16**    1
       Partu recenti frondium           Ha! Quam grauia
         et graminum fetura            michi sunt imperia
       terre fecundat gremium           veneria,
         clemencior natura.              cum nequeant deponi.
5     nocti diem equilibrat     15   lex amoris anxia
       dum sullimes equos vibrat      lex <est> legum nescia,
       oue sol Phrixea.                 lex obuia
       Aquilone mansueto            legum racioni.
       elementa nexu leto
10    colunt hymenea.

**15/4/1**    *Hiis:* i.e. *copiose dantibus*
/4/7      Supply an object ('rich lovers') after *vrere.*
/4/11-12 *construendi ... datiuo:* puns on grammatical terms; cf. Lehmann, *Parodie* p. 107
**16/1/6**    *sullimes:* CL *sublimes*
/1/7      *oue ... Phrixea:* the constellation Aries; cf. Ovid *Her.* 6.104
/1/9      *leto:* CL *laeto*
/2/6      *Abderite:* a reference to Saturn, according to Remigius' gloss on Mart. Cap. p. 46.16 (*Commentum in Martianum Capellam* ed. C.E. Lutz [Leiden 1962-5] 153.35): 'ABDERITAE SENIS id est Saturni, qui Abderites vocatur a lapide quem pro Iove devoravit, qui Grece abaddir dicitur.' Cf. Lenzen, *Überlieferungsgeschichtliche* p. 32.
/2/7      *Rea:* Cybele; cf. Ar. 7.5.   *parens rerum:* cf. Lucan 2.7; Virgil *Aen.* 10.252: 'parens ... deum' (of Cybele).

16  2
    Florem dampnarat Aquilo
      sub ruga nouercali,
    quem dulcis aure sibilo
      cum nectare vernali
5    delibutum reddit vite
      suo carens Abderite
      Rea parens rerum;
    solum pingit et deaurat,
    dum iacturam sol restaurat
10  breuium dierum.

    Ha! Quam etc.

3
    Castra sequendo Veneris
      ad vana mens declinat;
    ipsis Cupido superis
      insaniem propinat.
5    morbo felix infelici
      renatiue cicatrici
      toto mentis nisu
    suffragabar: set prudentem
    alienat Flora mentem
10  osculo vel risu.

    Ha! etc.

4
    Fallax interpres animi
      frons et sophista vultus
    certant non posse reprimi
      Cupidinis insultus.
5    voto michi non respondet,
    voluntatem tamen spondet
      facies alternam.
    spe distractus infelici
    nil expecto nisi dici
10      'requiem eternam.'

    Ha! Quam etc.

/3/2    *ad vana ... declinat:* cf. 1 Sam. 12:21
/3/3-4  Cf. Ar. 1.49-64
/3/6    *cicatrici:* 'the mark (of love)'; cf. Ar. 15.1.10, Ovid *Rem. Am.* 623
/4/1-4  'Her brow, the deceiving interpreter of her heart, and the betrayal in her face assure (me) that the attacks of Cupid cannot be checked'; cf. Ambrose *Hexaem.* 6.58 (PL 14.282A): 'Imago quaedam animi loquitur in vultu, ...'; Joseph Iscanus *Bell. Troian.* 1.244-7: 'Sic fatur diroque animam depascitur estu./ Has tamen, has cordis rugas, hec prelia mentis/ Frontis oliva domat faciesque dolosa sophistam / Mendicat vultum et blandos mitescit in usus.'
/4/1    *interpres animi:* cf. Horace *A.P.* 111
/4/2    *vultus:* nominative in apposition to *sophista*
/4/6-7  Cf. the proverb 'Est facies animi lingua secunda sui,' Walther, *Proverbia* 7421a.

**17** 1
Flos preclusus sub torpore
  pagine legalis
  se fatetur in tepore
  gracie vitalis.
flos conceptus solo rore
  verbi spiritalis
  fructum spondet in timore
  partus virginalis
    in puerperio,
    cuius probacio
  fides est, non racio
  cause naturalis.

2
Vbi sensus non procedit,
  racio frustratur.
  racionem quod excedit,
  fides amplectatur.
  verbi parens verbo credit,
  fide fecundatur.
  ex quo fides antecedit,
  racio sequatur.
    naturam decipit,
    que verbo concipit,
  dum, quod auris recipit,
  intus incarnatur.

3
Quod obumbret virtus dei
  sue castitati,
  credit, sperat. placet ei
  nouitas mandati.
  dat profectum fides spei
  spesque caritati,
  caritas effectum rei,
  nichil passa pati
    matrem a seculo
    paratam paruulo,
  cuius oris osculo
  sumus osculati.

4
Hic promissus per prophetas,
  per quos est locutus,
  post scripturas adimpletas
  de triumpho tutus,
  victos morte tot athletas
  victor est secutus
  et prefixit morti metas
  vite restitutus.
    ecce Iob alium,
    qui sordes omnium
  supra sterquilinium
  rasit constitutus.

17/  F. Gennrich, 'Lateinische Kontrafakta altfranzösischer Lieder,' *ZRP* 50 (1930) 193f.
/2   *pagine legalis:* i.e. the Old Testament; cf. Ar. 21.30 *vmbra legalis*
/3   *se fatetur:* cf. *Alterc. Gan.* st. 6.4: 'Et iam calor intimus se fatetur foris'
/15  Cf. Ar. 19.35-6
/21  Cf. Walt. of Chat. *St. Omer* 6.3.5f.: 'Naturam variat / deus novo miro, / ut patrem pariat / mater sine viro.'
/22  *que verbo concipit:* i.e. Mary, subject of *decipit* in v. 21
/23  *quod auris recipit:* i.e. the Word, subject of *incarnatur* in v. 24

17   5
     Predo vetus a tyrone
50   domitus defecit.
     versa vice de predone
     preda predam fecit.
     qui leonis in Sampsone
     sibi vim subiecit,
55   quem extorsit a leone,
     fauo nos refecit,
     amictus tegmine,
     quod vue sanguine
     Iacob sub ymagine
60   premissus infecit.

/25    Cf. Luc. 1:35
/29    Cf. 1 Cor. 13:13; cf. Ar. 27.122f.
/32    'it (i.e. *caritas*) did not allow the mother, prepared from the beginning of the world for the little child, to suffer in any way'
/33-4  *a seculo paratam:* cf. Mt. 25:34
/35    Cf. Cant. 1:1
/37    Cf. Rom. 1:2
/39    Cf. Io. 13:18
/41    *athletas:* referring to the saints and martyrs of the Church
/46    Cf. Iob 2:8
/49    *Predo vetus:* i.e. Satan
/51-2  'the roles are reversed; the booty has made plunder of the robber.' For similar wordplay on *preda-predo* cf. 'Christus mori voluit firma ratione,/ preda factus eripit predam a predone,' in H. Walther, 'Studien zur mittellateinischen Dichtung ...,' *Historische Vierteljahrschrift* 28 (1934) 522-34 at p. 534 st. 31.
/53-6  'he who made subject to himself the violence of the lion in the person of Samson, has restored us with the honeycomb, which he tore from the lion'; cf. Iud. 14:8-9
/58    Cf. Gen. 49:11
/59    *Iacob:* genitive dependent on *ymagine*

**18**  1
Secreti summi nuncius
descendit dei filius,
vt hominem saluaret.
nobis in carne socius
monstrauit euidencius,
quod hominem amaret.

2
Nascente dei filio
noua successit vnccio
et altera cessauit.
ewangeliste leccio
dium, qui est redempcio,
venisse nunciauit.

3
Qui sic in carne latuit,
nobis per carnem profuit
et factus est saluator.
nec mirum, quod hoc potuit,
set mirum, quod sic voluit
descendere creator.

4
Humana carne genitus
carnis humane penitus
illecebras euasit.
sic mundus mundo deditus
mundus est solo redditus,
sic inferos erasit.

**19**  1
Inmarcescens flosculus
Iesse prodit virgula.
totum profert angulus,
integrum particula,
ortolanum surculus,
plantatorem plantula.
salua pudoris clausula /
patrem parit virguncula.
vase prodit figulus,
ignis ex scincillula,
immolandus vitulus
agnus sine macula.

2
Irrigato vellere
ros fecundat populum,
ros stillans ab ethere
salutare poculum.
oriens in vespere
visitauit seculum,
patris splendor et speculum
fractum restaurans vasculum.
quod fauilla littere
texit et vmbraculum,
castitas puellule
demonstrat ad oculum.

18/11   *dium:* = *deum*
/16     Cf. Walt. of Chat. *St. Omer* 7.1f.: 'Dei prudentia, quam pater genuit, / que potest omnia, que posse voluit, ...'; Ovid *Met.* 11.731
/22-3   'thus was a pure man given to the world and to the ground was given back unblemished'
19/1    Cf. Is. 11:1
/8      Cf. note on Ar. 17.21
/9      'from the vessel (i.e. Mary) comes forth the potter'

**19** 3

25 Non recusat deitas
 nasci diuersorio.
 rerum rex et dignitas
 vagit in presepio.
 federari castitas
30 stupescit contrario,
 dum virginali lilio
 non inundet concepcio.
 que sit hec natiuitas,
 nulla fiat questio:
35 suppleat fidelitas,
 quod ignorat racio.

**20** 1a
 O cessent gemitus!
 leta lux oritur.
 descendit celitus
 puer, qui nascitur,
5 eterni nuncius
 et filius
 parentis.
 canat ecclesia
 preconia
10 nascentis!

 1b
 O psallant virgines
 in partu virginis!
 letentur homines;
 nam factor hominis
15 hominis hodie
 se facie
 vestiuit,
 sibi per virginem
 sic hominem
20 vniuit.

19/10 Cf. Eccli. 11:34
 /12 Cf. Ex. 12:5
 /13 Cf. Iud. 6:36-40
 /14 *ros:* cf. Walt. of Chat. *St. Omer* 10.2: 'O quam digna res stupore,/ quod pudoris salvo flore/ mamma divo plena rore/ lactat Christum ros aurore.'
 /16 Cf. Walt. of Chat. *St. Omer* 7.4.1-2: 'Dei vehiculum, vas sancti spiritus/ fert vite poculum infusum celitus.'; cf. Ps. 115:13
 /18 Cf. 4 Esdr. 9:2
 /20 Cf. Ier. 19:11, Avitus 3.363f.
 /21 *littere:* law, i.e. the Old Testament; cf. Ar. 21.28

**20**

|  |  |  |  |
|---|---|---|---|
|  | 2a | | 2b |
|  | Carnem de virgine | | O pulcra gaudio, |
|  | sumens et homine | | noua concepcio! |
|  | vestita latet deitas. | 30 | mundi concepit gaudia |
|  | humilitas | | non conscia |
| 25 | sic exaltatur hominum. | | virgo virilis coitus, |
|  | sic virginum | | set spiritus |
|  | prefulget castitas. | | rorante gracia. |

|  | 3a | | 3b |
|---|---|---|---|
| 35 | Ecce propheticum | | Secreti conscius |
|  | claruit necesse, | | virgini legatur |
|  | cum florem misticum | | celestis nuncius. |
|  | nobis virga Iesse | 45 | virgo salutatur; |
|  | protulerit. | | sic hominum |
| 40 | virgo mater peperit | | salus virgo virginum |
|  | per virgam figurata. | | concepit salutata. |

|  | 4a | | 4b |
|---|---|---|---|
|  | Non humanata deitas | 60 | Eue transgressus patria |
| 50 | minuitur. | | nos expulit: |
|  | pariendo virginitas | | Aue felicis gracia |
|  | non soluitur. | | nos extulit. |
|  | virgo virum nesciens | | mater pudicicie |
|  | dat partum noui moris | 65 | fit mater saluatoris. |
| 55 | pariens | | hodie |
|  | concipiens. | | iusticie |
|  | nulla lesit macula | | sol in terris claruit, |
|  | repagula | | vim prebuit |
|  | pudoris. | 70 | fulgoris. |

/35-6 'The inevitable event, stated by the prophets, has become manifest'

**21**

1
Patebat in scriptura
miranda genitura
dei et hominis
per partum virginis.
vnitur creatura
nature numinis
in dispare natura.

O parcium
disparium
mirabilis iunctura,
remedium
nascencium
de carne peritura!

2
Par patri in vsia
discumbit in Maria.
locum discubitus
parat paraclitus.
deletur energya
maligni spiritus
et mortis aggressura.

O parcium etc.

3
Descensus redemptoris
in ortum noui floris
fecundat loculum,
in quo signaculum
non reserat pudoris.
prodit miraculum
de littere figura.

O parcium disparium etc.

21/ Walt. of Chat. *St. Omer* no. 13
/5-7 'The creation of nature is united in the dissimilar nature of divinity.'
/16 Cf. Walt. of Chat. *St. Omer* 7.4.3-4: 'Felix cenaculum, felix discubitus,/ ubi cubiculum parat paraclytus.'
/19 Cf. Luc. 8:2
/24 *loculum: = uterum;* cf. p. 358 in J.J. Frantzen, 'Nachtrag zu *Neoph.*, V, 1, 58-79, und 2, 170-181,' *Neophilologus* 5 (1920) 357-9
/28 'from the foreshadowing of the law' (i.e. the Old Testament)

## 21

4
30 Cessat vmbra legalis
cum vita fit mortalis.
Iudea claudicat,
que natum abdicat,
quem pullus subiugalis
35 genitum predicat
in virginis fetura.

O parcium etc.

5
Mater innupta Christi,
que Christo lac dedisti,
40 o virgo virginum,
que lumen luminum
tenebris infudisti,
de festis hominum
nos transfer ad futura!

45 O parcium
disparium
mirabilis iunctura etc.

## 22

1
Vagit in presepio
puer nobis datus,
duum animalium
medio locatus
5 ab hiis, quorum factor est,
paulo minoratus,
ab eterno natus;
angularis factus est
lapis reprobatus.

2
10 Ponitur in angulo,
quod est fundamentum.
sese parietibus
fecit substramentum,
quibus de gratuitis
15 fecit fulcimentum.
ipse supplementum
protegit parietes
et expellit ventum.

---

21/30    *vmbra legalis:* cf. Prudentius *Psych.* 66-7
/31    Cf. Walt. of Chat. *St. Omer* 10.1: 'Ave mater, stella maris,/ tu que virgo sola paris,/ in te vita fit mortalis/ spiritusque corporalis.'
/32    Cf. Walt. of Chat. *St. Omer* 2.4: 'Jacob post lucem claudicat/ negans venisse filium,/ quem pleno cursu munerum/ austri regina predicat.'
/34    Cf. Mt. 21:5
/40    Cf. Ar. **20**.47
/44    *futura:* sc. *festa*
22/6    Cf. Hebr. 2:7
/8-9    'the rejected stone has become the cornerstone'; cf. Ps. 117:22, Luc. 20:17, Eph. 2:20
/14    *de:* governs *quibus*

## 22

**3**

Residens in solio
summe maiestatis
patris beneplacito,
ductu pietatis
sustinet, non inuidus
nostre prauitatis,
honus paupertatis.
munus magis obligat,
quod confertur gratis.

**4**

Nostre priuilegium
contulit nature,
cum humane speciem
sumpsit creature,
volens eius fieri
particeps iacture
potu mortis dure.
dat odorem domino
purpurato thure.

**5**

Verbo potens omnia
duxit non ingratum,
vt per/ vndam sanguinis
solueret reatum,
quem a primis patribus
nouerat innatum.
latus rubricatum
primitiuum hominis
reparauit statum.

*236v*

## 23

**1**

Anni renouacio
circumciso vicio
remoto prepucio
nobis sit inicium
virtutis,
nobis sit ad gaudium
salutis.

**2**

Circumcidi voluit,
† qui mundo debuit,
quia sic oportuit,
vt non daret scandalum
Iudeis,
set vt morem gereret
sic eis.

---

22/25 *honus:* CL *onus*
  /26   Cf. Walther, *Proverbia* 15652; cf. Ar. **24**.17-18
  /35-6 As Christ suffered his passion clothed in a purple garment (Io. 19:2), he is said here to offer to God a sweet fragrance (of obedience, sacrifice) from 'purpled incense'; cf. Cant. 4:11.

108  Arundel 24

23  3
15  Iohannes in carcere,
    clausus sensus littere,
    quam non venit soluere
    Christus dei filius,
    set vere
20  legem in se voluit
    implere.

4
Legum hec inplecio
legis est dimissio;
pellis amputacio
25  vera circumscicio
signatur
vsque dum quod viuimus
speratur.

5
Set spes renouabitur,
30  dum res adimplebitur.
tunc plene videbitur,
quo&lt;d&gt; modo congnoscitur
ex parte.
sic enim deluditur
35  ars arte.

24  1
Licet eger cum egrotis
et ignotus cum ignotis,
fungar tamen vice cotis,
ius vsurpans sacerdotis.
5  flete, Syon filie,
presides ecclesie
imitantur hodie
Christum a remotis.

2
Iacet ordo clericalis
10  in respectu laicalis;
sponsa Christi fit mercalis,
generosa generalis;
veneunt altaria,
venit eucharistia,
15  cum sit nugatoria
gracia venalis.

23/15  Cf. Mt. 14:1-12
  /17  Cf. Mt. 5:17
  /23  legis: the Old Testament
  /27-8  construe: quod speratur vsque dum viuimus
  /32  Cf. 1 Cor. 13:9
24/  Walt. of Chat. St. Omer no. 27, Carm. Bur. (HS) no. 8
  /1  eger: cf. Walt. of Chat. Mor.-Sat. Gedichte 7a st. 13.1-2: 'Hiis opponet aliquis: "Turpiter nos mordes,/ cum sis eger medicus, cum plus cunctis sordes".'
  /2  Cf. Ar. 27.141
  /3  fungar ... vice cotis: proverbial; cf. Horace A.P. 304
  /8  a remotis: 'from afar'; cf. Walther, Streitgedicht p. 226 st. 15:
       ' "Judex iuris, studeas causis tibi notis,/ iustam partem foueas, meis

## 24

**3**

Donum dei non donatur,
nisi gratis conferatur.
quod qui vendit vel mercatur,
lepra Syri vulneratur.
quem sic ambit ambitus,
ydolorum seruitus,
templo sancti spiritus
non compaginatur.

**5**

In diebus iuuentutis
timent annos senectutis,
ne fortuna destitutis
desit eis splendor cutis.
set, dum querunt medium,
vergunt in contrarium.
fallit enim vicium
v/ specie virtutis.

**4**

O qui tenes hunc honorem
frustra dicis te pastorem;
set nec regis te rectorem
renum mersus in ardorem.
hec est enim alia
sanguissuge filia,
quam venalis curia
duxit in vxorem.

**6**

Vt iam loquar inamenum,
sanctum crisma datur venum;
iuuenantur corda senum
nec refrenant motus renum.
senes et decrepiti
quasi modo geniti
nectaris illiciti
hauriunt venenum.

faue uotis! / Istam michi prebeas, hec sit a remotis, / ...".'
/10  *laicalis:* sc. *ordinis*
/11  *sponsa Christi:* i.e. *Ecclesia*
/12  Both adjectives in agreement with *sponsa*
/15  *cum:* 'though'
/17  A similar idea is expressed in *Golias ad Christi sacerdotes* sts. 11-12: 'Spectat ad officium vestrae dignitatis, / Gratiae petentibus dare dona gratis: / Quae si contra fidei regulam vendatis, / Vos lepram miseriae ferre sentiatis / Gratis Eucharistiam plebi ministrate / Et gratis conficite, gratis consecrate!' ed. R. Wustmann in 'Zum Text der *Carmina Burana*,' *ZDA* 35 (1891) 328-43 at pp. 338-9.
/20  *lepra Syri:* cf. 4 Reg. 5:20-27
/22  Cf. Eph. 5:5
/23  Cf. 1 Cor. 6:19
/30  Cf. Prov. 30:15
/33  Cf. Eccl. 12:1
/36  Cf. Archpoet 10.5.4
/37-8  Cf. Horace *Sat.* 1.2.24
/39-40  Cf. Juvenal 14.109
/45  Cf. Walt. of Chat. *St. Omer* 12.1.10f.
/46  Cf. Introit of Mass of Whitsunday: 'quasi modo geniti infantes alleluja rationabiles sine dolo lac concupiscite alleluja'; cf. Archpoet 10.23.3; cf. Lehmann, *Parodie* pp. 101-2.

**25**

1
De grege pontificum
vix est preter vnicum
dignitate dignus,
cui nil tuto creditum,
cuius fides hospitum
solet esse pignus.

2
Minorum non minimus,
cuius vox et animus
nil habent commune,
nec in se rem presulis
nec habet in loculis
graciam fortune.

3
Solus habet criminum
quicquid in tot hominum
mentes est diffusum.
omnibus abutitur,
que creasse legitur
dominus ad vsum.

4
Seruus gule pocius
quam nature filius
sumit, vt consumat
contra ius et ordinem,
quicquid in libidinem
forcius despumat.

5
Sitim temulencia,
vomitu conuiuia
non sat est finire:
set, cum languet ebrius,
vt repotet, pocius
sitit resitire.

6
Cum apponi faciat
sibi, quod sufficiat
tribus Epicuris,
cuncta passim demetit,
nisi quod plus appetit
ea, que sunt pluris.

| | |
|---|---|
| 25/ | Bischoff, 'Vagantenlieder' pp. 89-93 |
| /1 | *grege:* a contemptuous term here |
| /2 | *preter vnicum:* 'apart from the exception'; the thought is that all bishops, apart from the *rara avis,* are unworthy of their position. |
| /4-6 | 'to whom nothing is entrusted with safety, whose pledge is usually the word of innkeepers' (i.e. not honoured). For *hospes = caupo* cf. Horace *Sat.* 1.5.71 and 2.6.107. Innkeepers were by tradition disreputable and dishonest; cf. T. Kleberg, *Hôtels, restaurants, et cabarets dans l'antiquité romaine* (Uppsala 1957) p. 83. |
| /10 | 'he does not have the substance of a bishop' |
| /12 | 'the favour of a gift' |
| /13 | Cf. Walther, *Proverbia* 29991c |
| | *criminum:* depends on *quicquid* |
| /18 | *ad vsum:* 'for enjoyment' |
| /23-4 | *in libidinem ... despumat:* cf. Jerome *Ep.* 69.9.1 |
| /36 | *pluris:* 'of more value' |

25 7
Inuitatur precio
venter in conuiuio,
Venus in cubili.
40 et hoc empto carius
delectatur amplius
quam hac merce vili.

9
Quis vel que sit obuiam,
50 propter conscienciam
non interrogatur.
nil intactum preterit;
quod se prius ingerit,
prius occupatur.

11
Si denominacio
fiat ab officio,
quod sit omni mane,
deputare poteris
65 septem dies Veneris
omni septimane.

13
237r  Set si dicas 'contine,'
dicet: 'In volumine
75 Pauli continetur
non, vt quis contineat,
set, vt suam habeat,
cum qua fornicetur.'

8
Postquam madet bibulus,
tunc deducet oculus
45 exitus aquarum.
extunc nec discrecio
sexus nec excepcio
fiet personarum.

10
55 Totus est venerius
nec cursum alterius
sequitur planete.
totus est libidinis;
hinc tota lex hominis
60 pendet et prophete.

12
Cui si forte predices,
quod debent pontifices
esse luxu puri,
70 id habens pro friuolo
mauult cum apostolo
nubere quam vri./

14
Vt aperte liqueat,
80 hic in quo premineat
ceteris et quantum,
plures quidem pluries
mentitos inuenies,
set hunc ne semel tantum

/40-41  Cf. Juvenal 11.16
/44     Cf. Ps. 118:136
/59     Cf. Mt. 22:40
/72     Cf. 1 Cor. 7:9
/74-5   *volumine Pauli:* cf. Prudentius *Perist.* 13.18
/76     Cf. 1 Cor. 7:2f.
/84     *hunc:* sc. *mentitum esse*

### 15

85  Tot se modis protheat,
    vt modum non teneat.
      nam Iesurus lenit
      et mulcet, vt mulgeat.
      a quo, nisi veneat,
90    gracia non venit.

### 16

    Videt hu\<n\>c domestica
    sedulum, dominica
      mensa negligentem
      in qua non diiudicat,
95    quam nocens sacrificat
      sacrum innocentem.

### 17

    Quem nil eque piguit,
    quam quod non interfuit
      illi iudicando,
100   quem et Iudas vendidit
      et Iudea tradidit
      iudici nefando.

### 18

    Tanto ducit tedio,
    tanto premit odio
105   studia virtutum,
      acsi totis studiis
      totam vitam viciis
      soluat in tributum.

### 19

    Cum sit fraudis laqueus,
110 viciorum puteus,
      sordium lacuna,
      quot in mare flumina
      \<tot in eum crimina\>
      confluxerunt vna.

### 20

115 Pacem lite dirimit,
    innocentes opprimit,
      releuat nociuum.
      ius omne defederat,
      naturale temerat,
120   spernit positiuum.

### 21

    Fit ius ex iniuria,
    postquam iudex recia
      laxat in capturam,
      et olfacto munere
125   facit condescendere
      censui censuram.

### 22

    Quem non reddat stupidum?
    de viru quot aspidum,
      de quot viciorum
130   prodiit visceribus,
      malis peior omnibus,
      pessimus peiorum?

/85-6   Cf. Horace *Ep.* 1.1.90
/91     *domestica:* sc. *mensa*
/92     *dominica mensa:* i.e. the altar; cf. Mal. 1:7
/97     'nothing disgusts him as much as the fact that'
/99     *illi:* i.e. Christ
/102    *iudici:* i.e. Pilate
/110    Cf. Matthew of Vendôme *Ars vers.* 1.53.21

25    23
         A me si requiritur:
         'quis est, qui sic dicitur
  135      mendax et mendosus?'
         oblitus sum nominis,
         quia nomen hominis
         est 'Obliuiosus.'

26   1                                              2
     Si quis dicit: 'Roma, vale,'                   Quicquid mali, Roma, vales
     reor illum loqui male.              10         per inmundos cardinales
     inter mala nullum tale,                        perque nugas decretales
     tam horrendum, tam mortale                     *       *         *
 5   nullus est, qui nouerit.                       quicquid cancellarii
     Roma leges conterit;                           peccant vel notarii,
     Romam nichil preterit,              15         totum camerarii
         quod sit criminale.                            superant papales.

     3                                              4
     Pauper intrans ad Franconem,        25         Satis nobis est relatum
     nisi marcam vel mangonem                       istum esse non sensatum,
     secum ferat ad latronem,                       set rebellem et ingratum
20   frustra profert accionem.                      et vexantem presulatum.
     Franco videns pauperem                             Quod a puericia
     'quid huic' inquid 'facerem?        30         vixit in infamia,
     hostes eius vberem                             est in tota patria
         habent racionem.                               sua diuulgatum.'

25/133    Cf. Luc. 5:41; cf. Ar. 36.50
    /138  *Obliuiosus:* i.e. Manasses, Bishop of Orléans 1146-85; cf. Jerome
          *Lib. int. Hebr. nom.* 19.6: 'Manasses obliuiosus uel quid oblitus est.'
26/1      *vale:* wordplay on the literal and idiomatic sense of *vale*
    /12   There is no gap in the MS.
    /15   *totum:* 'entirely'
    /17   *Franconem:* cf. *Carm. Bur.* (HS) no. 41.6.2, also 41.8.1: 'Franco
          nulli miseretur, / nullum sexum reveretur, / nulli parcit sanguini. /
          omnes illi dona ferunt;'

## 26

**5**

Set cum aurum debursatur,
mox despectus honoratur;
latro pape presentatur
et pro fure fur precatur.
  statim benediccio
  datur tali filio.
  sumptaque peticio
    sine 'si' notatur.

**6**

Ita malus in egentes
seuit peior in potentes,
primo monstrans illis dentes,
vt consternat inprudentes,
  dicens: 'Papa statuit,
  quod de vobis placuit.
  vanus labor tenuit
    vos huc venientes.

**7**

Vestras papa nouit vias;
vos grauatis abbathias,
exercetis symonias.
quod vendatis parochias,
  dudum ei patuit,
  quodque multum nocuit,
  fabulam intexuit
    pontifex Golyas.'

**8**

Ita Iudas Christum vendens,
in capturam rete tendens
primo terret eos frendens.
sub spe rursus cor attendens
  spondet adiutorium
  dicens, quod negocium
  hoc est cardinalium,
    partim parte pendens.

**9**

'Et nunc,' inquid, 'scio vere,
que res facit respondere.
cardinales sustinere
dato sibi volunt ere
  vestros aduersarios,
  qui iam ad denarios
  Auinione nuncios
    suos premisere.

**10**

Ad monetam eos ita
dum inducit Gyezita,
lupus est in heremita
melli miscens achonita.
  dum sic enim predicat,
  dum quid agat indicat,
  questum sibi duplicat
    ficcio/polita.

/34    *despectus:* 'the person disdained'
/40    I.e. the petition is granted unconditionally.
/56    *Golyas:* an allusion to the fictitious 'Bishop Goliath,' to whom was attributed the authorship of poems revealing the corruption of the church clergy; cf. Rigg, 'Golias' pp. 81f.
/64    *partim:* = *partem*
/65-6  'and now,' he says, 'I know in fact what circumstance will cause them (i.e. the cardinals) to give their decision.'
/70-72 'who have already sent their envoys ahead from Avignon for the money.'

## 26

**11**
Cum talentum tandem videt,
non iam fremit neque stridet,
set blanditur et subridet;
iamque parat, quod ei det,
qui pretendit loculum,
fibulam vel cingulum,
addens, quod obstaculum
nullum iam formidet.

**12**
'Vobis,' inquid, 'pars aduersa
frustra perdit vniuersa.
aliter est res conuersa,
quam putabat gens peruersa.
perditis muneribus
datis cardinalibus,
ipsis in litoribus
nauis est submersa.'

## 27

**1**
O tu gemma pontificum,
regnum illustras Anglicum
consilio prudente,
cuius lux et laus euidens,
cuius fama non occidens
lucet sub occidente!

**2**
Te creans ad miraculum,
te ceteris in speculum
proposuit natura,
vt te docente studeant
et cauere, que noceant,
et sequi profutura.

**3**
Sunt, quos virtus inhabitat,
quos natura nobilitat,
quos euehit fortuna.
est ordo triplex hominum,
set in te trium ordinum
colleccio fit vna.

**4**
Cum sis habundans opibus,
cum sis facetus moribus
et viuas erudite,
fortune debes copiam,
nature morum graciam,
virtuti modum vite.

26/73   *monetam:* 'money'
  /74   *Gyezita:* cf. 4 Reg. 5:20; a typical name for a simoniac
  /76   *miscens achonita:* cf. Ovid *Met.* 1.147
  /79   *questum:* CL *quaestum*
  /89   'The party in conflict with you'
  /93-4 'Their gifts, given to the cardinals, have been wasted'
  /95-6 A variation on the proverbial *in portu naufragium;* cf. Otto, *Sprichwörter* s.v. *portus*
27/    Cf. A. Georgi, *Das lateinische und deutsche Preisgedicht des Mittelalters* (Berlin 1969) pp. 111, 116-117.
  /7   *ad miraculum:* 'as a wonder'; cf. Is. 21:4
  /13-15 *Sunt quos ... euehit:* cf. Horace *Od.* 1.1.3-6

27  5
25    Herere potes dubius,
      cui trium cedas pocius,
      hiis tribus distribute.
      stant pro natura gracie,
      pro fortuna diuicie,
30      merita pro virtute.

   6
      Te sibi tanquam domina
      vendicat ex diutina
      virtus possessione.
      vult in te ius dominii
35    collati beneficii
      fortuna racione.

   7
      Te reclamat in proprium,
      quem creauit in filium,
      nobilitas nature.
40    set hiis virtus preiudicat
      et ab vtraque vendicat
      te principali iure.

   8
      Sic intra quaternarium
      virtutum cardinalium
45    firmiter es statutus,
      vt hoc fultus quadrangulo
      sis a lapsus periculo,
      sis a ruina tutus.

   9
      Stat a dextris prudencia,
50    que te docet, quid latria,
      quid dulia colatur.
      per istam cultum domini,
      per illam scis, quis homini
      cultus exhibeatur.

   10
55    Inter quos recte diuidens
      et ius vtrique prouidens,
      quod dignum ducis eo,
      affectu soluis hillari,
      que Cesaris sunt, Cesari
60    et, que sunt dei, deo.

/27     'you who have been apportioned to all three orders'; cf. vv. 13-15 above
/35     *collati beneficii:* depends on *racione*
/37     *in proprium:* 'for her own'
/41     *vtraque:* sc. *fortuna* and *natura*
/47     *lapsus:* genitive dependent on *periculo*
/50-51  *latria* and *dulia* are distinguished in vv. 52-4
/55     *Inter quos:* sc. *homo* and *dominus*
/57     *eo:* refers to *vtrique* in v. 56
/59     Cf. Mt. 22:21
/61     *Rectis ... pedibus:* cf. Virgil *Aen.* 8.209
/63     *sermonis:* 'the word of God'
/65     The designation of the active and contemplative life by the names of Martha and Mary (cf. Luc. 10:39-42) was common in medieval literature.

## 27

**11**
Rectis incedens pedibus
vacansque bonis actubus
et studio sermonis,
nunc deo, nunc hominibus
Marthe peritus vicibus
Mariam interponis.

**12**
Stat a sinistris equitas,
per quam res cuique debitas
expendis et inpendis,
per quam non facis alteri,
quod tibi non vis fieri,
nec proximum offendis.

**13**
Iudicis ex officio
nec nimis defers inpio
nec innocenti noces.
set prius te iustificas
et, quod subiectis predicas,
exemplo vite doces.

**14**
Non fortuna set meritis
congnoscens causam diuitis
iniurias coherces.
obstans potentum viribus
vires pro inpotentibus
potencius exerces.

**15**
Vt in aduersis deprimi
non possit status animi,
precedit fortitudo,
ne tenorem propositi
mutet in te fortuiti
casus vicissitudo.

**16**
Que si fraudetur debito,
non minus in proposito
virtutis perseuerat.
fortune minas necligit;
si quid preter spem contigit,
non ideo desperat.

**17**
Nec condescendit vicio,
quia virtutum studio
videat inuideri.
nec inuidis materiam
demere nec inuidiam
vult in se demereri.

**18**
Sequitur temperancia,
que cor inani gloria
non sustinet extolli.
cui faues et obtemperas
nec pascis aures teneras
fauoris aura molli.

/70    *facis alteri:* cf. Tob. 4:16; Mt. 7:12
/79-80  'investigating the case of a rich man not according to his circumstances but on his merits'; *cognosco* is here a legal term.
/91    *Que:* sc. *fortitudo*
/94    *necligit:* CL *neglegit*
/104  *inani gloria:* cf. Gal. 5:26
/108  *aura molli:* cf. Ovid *Met.* 15.512

118  Arundel 27

27 19
   Nec excedis in gaudio,
110 ne doloris accessio
    gaudii sit excessus.
   nec sic alludis prosperis,
   quin aduersa memineris
    futura post successus.

20
115 Castigas sensus singulos,
   pedes, manus et oculos
    dirigens in directum,
   restringens motus paruulos,
   allidens petre paruulos,
120 ne capiant effectum.

21
   Hec est virtutum series,
   vnde surgit spes paries/
*238r*  ex fide fundamento.
   cui tectum supereminens
125 est caritas, nec desinens
    nec carens incremento.

22
   In te sibi dissimilis
   in te fortuna stabilis
    in alios proteruit.
130 apud te nil degenerat,
   apud quem virtus imperat,
    sub quo fortuna seruit.

23
   Que non regit, set regitur,
   obedit et obsequitur
135  virtutibus ad nutum;
   ministrat opes sumptibus,
   graciam dat operibus
    pedisseca virtutum.

24
   Queri potest nec temere,
140 quis sum, qui tibi scribere
    presumo vel ignotus.
   ego sum tue penitus
   et voluntati deditus
    et gracie deuotus.

25
145 Vltorem te criminibus
   et fundatorem moribus
    nobis conseruet ille,
   a quo repleta graciis
   est repecta pre aliis
150  humilitas ancille.

/119 Cf. Ps. 136:9
/122-3 The sense is that the wall (hope) rises from the foundation (faith).
/124 Cf. Eph. 3:19
/133 *Que:* sc. *fortuna*
/136 *ministrat opes:* Ovid *Pont.* 3.1.104
/137-8 'as the handmaiden of the virtues, fortune supplies ...'
   *pedisseca:* CL *pedisequa*
/147 *ille:* i.e. Christ
/148-50 'by whom the humility of a servant, filled with grace, was esteemed before (all) others.'

## 28

Quam velim virginum, si detur opcio?
consulti pectoris vtar iudicio.
non vagam animo, non turpem faciam
thori participem, curarum sociam.
5   pudoris prodigam non eligam
nec Sabinam moribus amoribus.

non curo teneram etate primula;
non arat sapiens in tali vitula;
est enim sacius congnosse puberem,
10  que blandam senciat ex equo Venerem.

si ruga lineas suas arauerit,
senecta capiti niues asperserit,
non declinauerim ad eius gremium,
licet in purpura redimat senium.
15      tam mea, tam meus
deliciosus amor, deliciosa Venus.

| | |
|---|---|
| 28/ | Text and translation in Adcock, *Virgin and Nightingale* pp. 44-5. On this theme, so common in love poetry, see Howell, *Commentary* (see note on Pr. 18.117) on Martial 1.57; for a medieval example cf. Dreves, 'Profane Lyrik' (see note to Ar. 2.12) p. 362. |
| /1 | *Quam velim:* cf. Martial 1.57.1 |
| | *si detur opcio:* cf. Prudentius *Perist.* 2.217 |
| /6 | 'nor one who is Sabine in her ways,' i.e. too unyielding; cf. Ovid *Am.* 2.4.15, Juvenal 10.298-9 |
| | *amoribus:* 'for my love' |
| /7 | Cf. Ovid *A.A.* 2.667f. for the praise of older women |
| /8 | Cf. Iud. 14:18; *arat* has a sexual meaning here |
| /9 | *congnosse* (CL *cognosse*): in a sexual sense |
| /10 | *ex equo:* 'equally'; cf. Ovid *A.A.* 3.793-4 |
| /11-12 | Cf. Ovid *A.A.* 2.117-18, *Met.* 3.275-6 |
| | *ruga ... capiti niues:* cf. Horace *Od.* 4.13.11-12 |

# TEXTUAL NOTES

*Sigla for Primas*

| | |
|---|---|
| *R* | Oxford Bodleian MS. Rawlinson G.109 |
| *B* | Berlin theol. lat. Oct. 94 (poems **9**, **10**) |
| *C* | London BL Cotton Vespasian B. xiii (**18**) |
| *H* | London BL Harley 978 (**23**) |
| *L* | Florence Laurenziana Strozzi 88 (**23**) |
| *M* | Munich Clm. 17212 (**7**, **8**) |
| *P* | Paris BN lat. 8433 (**2**) |
| *Meyer* | Meyer, *Oxforder Gedichte* |

*Sigla for Arundel*

| | |
|---|---|
| *A* | London BL MS. Arundel 384 |
| *B* | Munich lat. 4660 (poems **4**, **8**, **10**, **14**) |
| *C* | Cambridge University Ff. 1.17 (**14**) |
| *O* | St. Omer 351 (**21**) |
| *V* | Rome Vat. Regin. Christ. 344 (**8**) |
| *Bischoff* | Bischoff, 'Vagantenlieder' |
| *du Méril* | E. du Méril, *Poésies populaires latines du moyen âge* (Paris 1847) pp. 230-32 |
| *Meyer* | Meyer, *Arundel Sammlung* |

*Primas*

| | |
|---|---|
| 1/3 | quis *Meyer:* quid de *R* |
| 1/17 | ut *R:* at *Meyer* |
| 2/8 | gelu *P:* genu *R* |
| 2/14 | leuis *P:* lenis *R* |
| 3/10 | sibi *Meyer:* ibi *R* |
| 3/21 | *R corrects to* octo *from* opto |
| 3/25 | Ne *Meyer:* nec *R* |
| 3/30 | Ammonitus *Meyer:* An minutus *R* |
| 3/41 | hos *Meyer:* nos *R* |

Textual Notes: Primas 121

| | |
|---|---|
| 3/43 | Que non *Meyer:* Quando *R* |
| | nece *Meyer:* cene *R* |
| 3/50 | quero *Meyer:* queram *R* |
| 3/52 | resoluet *R: perhaps read* reuoluet |
| 4/2 | contentos *Meyer:* contenptos *R* |
| 5/3 | *R corrects to* lingens *from* ingens |
| 6/6 | *R corrects to* dolor *from* ualor |
| 6/20 | noscens *Meyer:* nos *R* |
| 6/27 | *R corrects to* thalamum temptare secundum *from* temptare secundum thalamum |
| 7/11 | quin *Meyer:* quid *R* |
| 7/19 | omaso *M:* amaso *R* |
| 7/37 | mendicum mendax *Meyer:* mendicum mendicum mendax *R* |
| 7/45 | extricet *Meyer:* extrincet *R* |
| 7/49 | corradas *Meyer:* corrodas *R* |
| 8/7 | Quamquam *Meyer:* Quamqua *R* |
| 8/10 | *R appears to correct to* Flagrat *from* Fragrat |
| | menta *R: perhaps read* muneribus *or* unguentis |
| 8/17 | Sorbillat *Meyer:* Sorbillatque *R* |
| | *R corrects to* paullum *from* parum: *Curtius, 'Musen im Mittelalter' p. 132 n. 4 suggested* paucum ... naucum |
| 8/34 | *R corrects to* bacetigeri *from* bafetigeri |
| 8/36 | et *Meyer:* ut *R* |
| 8/38 | scurra *M: R corrects to* siscura *from* scscura |
| | pulsat *M:* pulset *R* |
| 8/48 | lucelli *Meyer:* puelli *R* |
| 9/1 | *R corrects to* illustris *from* illustrix |
| 9/2 | fecundam *B:* fecunda *R* |
| 9/6 | tigris *B:* tyris *R* |
| 9/8 | nutriit *Meyer:* nutrit *R* |
| 9/10 | ludis *B:* ludit *R* |
| 9/14 | Tam *R:* quam *Meyer* |
| 9/19 | *R corrects to* agunt *from* agant |
| 9/25 | *The text, as punctuated by Meyer (with a full stop after* ocellis *in v. 24) would require* quos *in v. 26, if* onichili *means 'onyx stones.'* |
| 9/39 | Ioui *B:* ioue *R* |
| 9/40 | propria *B:* proria *R* |

## 122  Textual Notes: Primas

| | |
|---|---|
| 9/50 | cum *B:* com *R* |
| 10/4 | *R corrects to* fune *from* fugne |
| 10/18 | dictent *B:* ditent *R* |
| 10/20 | *R corrects to* nec *from* ne |
| 10/30 | A *B:* et *R* |
| 10/32 | qui *Meyer: R appears to have* quis |
| 10/35 | sua *B:* quia *R* |
| 10/40 | cadens *B:* radens *R* |
| 10/42 | inguina *B:* unguina *R* |
| 10/57 | Garamantum *Meyer: R appears to have* Garantantum |
| 10/58 | ut *B: R omits it* |
| 10/61 | Nec dum *Meyer:* Et dum *R* |
| 10/70 | nec *B:* non *R* |
| 11/1 | pontifici *Meyer:* potifici *R* |
| | *R first records* quod audio audio dici *and then corrects first* audio *to* ludis: sapis *Meyer* |
| 12/3 | es *Meyer: R omits it* |
| 12/6 | reperit *Meyer:* perit *R* |
| 13B/2 | *R corrects to* Vili *from* Viri |
| 14/4 | *R appears to correct to* propterea *from* proptarea |
| 15/9 | rapido *R: perhaps read* rabido |
| 15/10 | quidem *Meyer:* quide *R* |
| 15/13 | seu *Meyer:* set *R* |
| 15/76 | eram *Meyer:* erat *R* |
| 15/87 | *R corrects to* indignantes *from* indigniantes |
| 15/98 | *R corrects to* possim *from* possum |
| 16/15 | demonium *Meyer:* domonium *R* |
| 16/16 | infortunium *Meyer:* infornium *R* |
| 16/21 | *Despite the occurrence of the rhyme* ridet ... uidet *at Pr. 1.17-18, perhaps* cum uidet *should be deleted. It probably arose from* non ridet *and was incorporated into the text. The essential antithesis is between* stridet *and* non ridet, *and nothing prevents the accusative and infinitive* prouehi socium *from depending on the latter phrase. For a contrary view, see Ehlers, 'Zum 16. Gedicht' p. 79.* |
| 16/25 | frusta *Meyer:* frustra *R* |
| 16/27 | inpinguatur *Meyer:* inpingatur *R* |
| 16/32 | milium *Meyer: R appears to have* milirum |
| 16/33 | *R corrects to* parenz *from* parens |

## Textual Notes: Primas 123

| | |
|---|---|
| 16/33 | *R corrects to* parenz *from* parens |
| 16/66 | scutilia *R: perhaps read* sculptilia; *cf. Archpoet 1.9.3* |
| 16/89 | propicium *Meyer:* prospicium *R* |
| 16/105 | trotarium *Meyer:* trorium *R* |
| 16/141 | ad plenum: *the scribe wrote* s *before converting it into* a *for the first letter of* ad |
| 16/145 | ki'n a *Suchier (see Meyer p. 83):* kinna *R* |
| 16/153 | uadimonia *Meyer:* uadimodia *R* |
| 17/3 | cauat *Meyer:* uacat *R* |
| 18/32 | Primam *Meyer:* Prima *R* |
| 18/34 | *R corrects to* augetur *from* algetur |
| 18/39 | cunctis *Meyer:* cuctis *R* |
| 18/58 | disputantum *Meyer:* disputatum *R* |
| 18/64 | concordes *C:* disparcordes *R* |
| 18/68 | consensus *Meyer:* concensus *C:* confessus *R* |
| 18/69 | ascensus *C:* accessus *R* |
| 18/83 | Comes comis *Meyer:* Comes comes *R* |
| 18/104 | Nunc *Meyer:* Non cum *R* |
| 20A/1 | Auxilio *Meyer:* Axilio *R* |
| 22/1 | quinque *Meyer:* v *R* |
| 23/27 | diligam te *H:* diligante te *R* |
| 23/33 | Vento *H:* Ventis *R* |
| 23/39 | uestri *H:* nostri *R* |
| 23/46 | Inconsulte *H:* Nconsulte *R* |
| 23/49 | linquens *H:* liquens *R* |
| 23/86 | *R corrects to* Honerosus *from* Honerandus |
| 23/91 | contentus *H:* contemptus *R* |
| 23/106 | *R corrects to* rede *from* redde |
| 23/121 | Prouoluto *L:* Prouolutus *R* |
| 23/130 | merentem *H:* meretem *R* |
| 23/132 | Fletu genas adinpleui *H:* Fleui gemens et inpleui *R* |
| 23/133 | Ob *H:* Hoc *R* |

*Arundel*

| | |
|---|---|
| 1/15 | aggerat *Meyer:* augerat *A* |
| 1/17 | *A corrects to* renittenti *from* remitenti |
| 1/54 | suus tueatur *Meyer:* suis teneatur *A* |
| 1/87 | Choronis *Meyer:* choroni *A* |
| 2/13 | langueo *Meyer:* langor *A* |
| 2/14 | sic *Meyer:* fit *A* |
| 2/20 | proficit *Meyer:* profit *A* |
| 2/22 | Frigio *Meyer:* frigeo *A* |
| 2/23 | iudicio *Meyer:* indicio *A* |
| 3/1 | Ipsa *Meyer:* ipsa que *A* |
| 3/15 | refero *Meyer: A appears to have* resero |
| 4/23 | *A corrects to* opera *from* opere |
| 4/47 | arcus *B:* arcius *A* |
| 4/49 | luminis *B:* hominis *A* |
| 4/67 | niuium *Meyer:* niueum *A* |
| 4/69 | niui *B:* vnum *A* |
| 5/1/5 | ingeri *Meyer:* mergi *A* |
| 5/3/2 | lenita *Meyer:* leuita *A* |
| 5/7/3 | predixerit *Meyer:* prodixerit *A* |
| | sint *Meyer:* sit *A* |
| 5/8/4 | dilecte *Meyer:* dilecti *A* |
| 6/1 | frigora *Meyer: no lacuna in MS* |
| 6/7 | portu *Meyer:* porta *A* |
| 7/8 | sui *A:* nivis *Meyer* |
| 7/45 | lacrimas *A:* lacrymae *du Méril* |
| 8/10 | bestiali more *B: A omits it* |
| 8/16 | loquaci *B:* locali *A* |
| 8/41 | tenera *B:* tenero *A* |
| 8/44 | pro *B:* quod *A* |
| 8/66 | siue *B:* si vel *A* |
| 8/69 | candeat *V:* canderat *A* |
| 10/3 | numine *B:* minime *A* |
| 10/17 | dederat *B:* desiderat *A* |
| 10/24 | sunt que *B:* que sunt *A* |
| 10/28 | tenero *B:* venero *A* |
| 10/69 | intricat *B:* nutricat *A* |

Textual Notes: Arundel 125

| | |
|---|---|
| 10/71 | ne ianua *Meyer:* nec ianua *B: A omits it; no lacuna in MS* |
| 10/72 | pudoris *B:* pudor *A* |
| 11/7 | nullum *Meyer:* nulli *A* |
| 11/19 | vetant *Meyer:* vatant *A* |
| 12/8 | Aperilis *Meyer:* aperil *A* |
| 12/42 | terminet *Meyer:* terminent *A* |
| 12/56 | que *Meyer:* qui *A* |
| 13/1 | O cunctis *Meyer:* comitis *A* |
| 13/6 | protractu *Meyer:* protactu *A* |
| 13/8 | moueor *Meyer: A appears to have* moneor |
| 13/15 | protrahis *Meyer:* pertrahis *A* |
| 13/23 | offendar *Meyer:* offendat *A* |
| 13/24 | sugo *Meyer:* fugo *A* |
| 13/26 | nouaculis *Meyer: A appears to have* nonaculis |
| 14/5 | tumultus *B:* timiultos *A* |
| 14/11 | dum *Meyer: A omits it* |
| 14/19 | nec caueo *C: A omits it* |
| 15/1/2 | flore *Meyer:* fore *A* |
| 15/1/12 | succendor *Meyer:* succendet *A* |
| 15/1/19 | sunt *Meyer: A omits it* |
| 16/1/1 | Partu *Meyer:* Artu *A, after initial space left for rubricator* |
| 16/1/16 | est *Meyer: A omits it* |
| 16/3/7 | nisu *Meyer:* visu *A* |
| 16/3/8 | suffragabar *Meyer:* suffragabat *A* |
| 17/48 | rasit *Meyer:* rasti *A* |
| 19/5 | surculus *Meyer:* sulculus *A* |
| 19/9 | figulus *Meyer:* figullis *A* |
| 19/16 | poculum *Meyer:* peculum *A* |
| 19/32 | inundet *Meyer:* mundet *A* |
| 20/53 | nesciens *Meyer:* vestiens *A* |
| 21/13 | peritura *O:* paritura *A* |
| 21/16 | discubitus *O:* discumbitus *A* |
| 21/20 | et *O:* est *A* |
| 21/31 | *A corrects to* fit *from* sit |
| 21/34 | pullus *O:* pullum *A* |
| 22/5 | factor *Meyer:* factus *A* |
| 22/27 | quod *Meyer:* que *A* |
| 22/42 | innatum *Meyer:* ignatum *A* |

# 126  Textual Notes: Arundel

| | |
|---|---|
| 23/9 | qui mundo *A:* qui nil mundo *Meyer* |
| 23/32 | quod modo *Meyer:* quomodo *A* |
| 24/3 | vice *Meyer: A appears to have* vite |
| 24/43 | iuuenantur *Meyer:* inuenantur *A* |
| 25/27 | sat *Meyer:* satis *A* |
| 25/33 | Epicuris *Meyer:* epituris *A* |
| 25/43 | madet *Bischoff:* mundet *A* |
| 25/59 | hinc *Meyer:* huic *A* |
| 25/84 | hunc *Meyer:* huc *A* |
| 25/91 | hunc *Meyer:* huc *A* |
| 25/92 | sedulum *Meyer:* sedalum *A* |
| 25/94 | diiudicat *Meyer: A appears to have* diuidicat |
| 25/113 | tot in eum crimina *Meyer: A omits it* |
| 26/22 | huic *Meyer:* hinc *A* |
| 26/28 | vexantem *Meyer: A appears to have* vexantum |
| 27/6 | lucet *Meyer:* licet *A* |
| 27/73 | Iudicis *ed.:* inpius *A* |
| 27/127 | sibi *Meyer:* tibi *A* |
| 27/145 | te *Meyer:* de *A* |

# GLOSSARY

*Primas*

ambulatorium (-ius) saddle-horse 16/104
archidiaconus archdeacon 16/98
archileuita archdeacon 13A/1
Aureliana (-us) of Orléans 12/4
bacetigeri (-ger) one who carries a measure for liquids 8/34
bursa purse 1/32; 7/35, 36, 38
camerarium (-ius) chamberlain 16/8
capellanus chaplain 23/13, 158
captiuior (-us, -a, -um) wretched 6/10
capucium (-ium) hood 16/9
causis (-a) legal case 3/28; 16/45
cirotecam (-a) glove 7/38
cocturis (-a) brand 18/108
conopeo (-eum) canopy 20B/2
consiliarium (-ius) counsellor 16/99
cortinas (-a) curtain 8/9
cucula monk's cowl 16/10
cursorium (-ius) swift horse, courser 16/103
decios (-ius) dice 1/22, 24
exustrix consuming 9/2
homello (-us) little man 13B/2
hominium (-ium) homage 16/13
lecatrix gluttonous, parasitical 18/110
lena prostitute 7/16
leno adulterer 7/16; 8/41
leuita deacon 15/33
lucium (-ius) pike (a fish) 16/26
mine (-a) a dry measure for cereals 16/131
nisum (-us) sparrow-hawk 7/39
pellicia (-ia) fur-lined coat 12/1
philomene (-a) nightingale 16/129
placitis (-um) legal process 16/45
preacutus pointed 23/110
prelocutus (-loquor) speak first 23/111
presul bishop 2/5; 16/77
primates (-mas) nobleman 6/16

**salata (-us)** salted 4/14
**simonie (-ia)** simony 16/80
**solidos (-us)** shilling 1/20, 26; 22/1
**superpellicium (-ium)** regular canon's cowl, surplice 16/10
**tabulones (-lo)** gambler (?) 18/16
**thesaurarium (-ius)** treasurer 16/35
**ueteranus** old 12/1; 15/48; 23/14
**uille (-a)** village 7/30; 16/46

*Arundel*

**adquisitiuo (-us)** acquiring 15/4/10
**athletas (-a)** martyr 17/41
**camerarii (-ius)** chamberlin 26/15
**castigate** moderately 4/61
**causatur (-ari)** reproach, bewail 9/19
**datiuo (-us)** giving 15/4/12
**debursatur (-are)** pay out 26/33
**dulia (-ia)** service (rendered to men) 27/51
**incaleat (-ere)** glow with passion 8/64
**infascinat (-are)** bewitch 15/3/6
**inamenum (-us)** unpleasant 24/41
**laicalis (-is)** of the laity 24/10
**latria (-ia)** worship of God 27/50
**leuigatur (-are)** to make smooth 8/58
**marcam (-a)** a mark (unit of weight for precious metals) 26/18
**mangonem (-o)** a gold coin 26/18
**papales (-is)** papal 26/16
**precastigat (-are)** temper in advance 4/73
**preiudicat (-are)** prevail over 27/40
**protheat (-are)** to change 25/85
**renatiue (-us)** reborn 16/3/6
**scrupulo (-us)** anxiety, reticence 8/45
**sophisticis (-us)** treacherous 15/2/12
**subiugalis (-is)** a beast of burden 21/34
**suppululant (-are)** produce 2/8
**symonias (-ia)** simony 26/51
**transgressus** offence 20/60
**vsia (-ia)** essence 21/14

# OLD FRENCH GLOSSARY

All line references are to Primas poem 16, except for the entry *dels*. Words spelled with a letter *u* in the manuscript are here recorded with the letter *v*.

a prep. *at* 86
a vb. aux. 85, 145; see aveir
abé s.m. *abbot* 8
acensium s.f. *Ascension* 86 (with a Latin termination; cf. cognatium, electium, intencium)
adober vb. *beat* 51
ai vb. aux. 146; see aveir
al (a + art. le) *for* 100
altrier adv. *recently;* l'altrier 86
apeler vb. *call;* pret. 3 sing. apela 99
assez adv. *very* 65
avant adv. *before* 102
aveir vb. *have, possess* 12; indic. pres. 1 ai 146; 3 sing. a 65, 85, 145; indic. imperf. aveit 102; pret. 1 oi 88; 3 sing. out 73, 78, imperf. subj. 1 eüsse 17
aveit vb. aux. 102; see aveir
avenir vb. *happen, befall;* imperf. subj. 3 sing. avenist 16
avenist see avenir
bien adv. *well* 66, 132; s. *comfort, good* 141
braz s.m. *arm;* pl. braz 31
buen adj. *good* 65, 88
canoine s.m. *canon* 35
ce demon. pron. neut. *this* 20
cest demon. pron. *this;* oblique sing. m. cestui 35, 65
cheval s.m. *horse* 103
cil demon. pron. *that;* nom. sing. masc. 78; nom. pl. masc. 36
clerc s.m. *cleric* 60
clop adj. *lame* 105
cognatium s.f. *relative* 34
coltel s.m. *knife;* pl. 67
conoistre vb. *know;* pret. 1 conui 132
conui see conoistre
corteissement adv. *courteously* 66

## 130  Old French Glossary

**covenir** vb. *be necessary;* indic. pres. 3 sing. **covient** 100 (with dat. of person and infin. with **a**)
**de (d')** prep. *of* 6, 30, 33, 34, 67, 68; **del** (de + le) 85; **des** (de + les) instrumental *with, by* 53
**deit** see **deveir**
**del** see **de**
**dels** adj. numb. *two* Pr. 22/1
**des** see **de**
**dependre** vb. *depend on;* fut. 3 sing. **despendra** 101
**despendra** see **dependre**
**deveir** vb. *must, be obliged to;* indic. pres. 3 sing. **deit** 51; condit. 3 sing. **devreit** 12
**devreit** see **deveir**
**di** see **dire**
**dire** vb. *say;* indic. pres. 1 **di** 65
**dona** see **doner**
**doné** see **doner**
**doner** vb. *make a present of* 142; pret. 3 sing. **dona** 103, 153; pp. **doné** 85, 102, 145
**dunt** adv. *then* 35
**el** see **en**
**electium** s.f. *election* 6, 78
**en ('n)** prep. *in* 78, 146; (with art.) **el (en + le)** *into* 31; partitive, after expression of quantity *of it* 145; *for it* 85, 146
**entor** prep. *around* (of time) 86
**eslectium** see **electium**
**eslire** vb. *choose* 71; imper. **eslizez** 60
**est** see **estre**
**estre** vb. *to be;* indic. pres. 1 **sui** 34; 3 sing. **est** 47; pret. 1 **fui** 86; vb. aux. **est** 22
**eüsse** see **aveir**
**evesche** s.m. *bishop* 6, 34
**faire** vb. *make, do, perform* 6, 66, 100; indic. pres. 3 sing. **fait** 20, 30, 35; imperf. subj. 3 sing. **fesist** 141
**fait** see **faire**
**farcimos** adj. *affected with worms* 105
**fesist** see **faire**
**folie** s.f. *folly* 57
**fort** adj. *strong;* oblique pl. **forz** 30
**fui** see **estre**

**fust** s.m. *wood* 68
**fustainne** s.m. and f. *garment* 153
**gage** s.m. *pledge, security* 146
**genitif** s.m. *genitals;* pl. **genitis** 53
**grant** adj. *great* 16, 141
**home** s.m. *man* 65
**hurter** vb. *strike, pound;* indic. pres. 3 sing. **hurte** 53
**i** adv. *there* 65, 73, 146
**il** pron. *he;* nom. sing. masc. 51, 101, 141, 142, 145; dat. sing. masc. **li** 143
**intencium** s.f. *intention* 95
**je (j')** pron. *I* 17, 34, 86, 132; oblique sing. **me (m')** 16, 85, 102, 103, 141, 142; oblique sing. (stressed) **mei** 100, 153
**jor** s.m. *day* 16
**ker** conj. *for* 6, 16, 101; strengthening an order, with imper. 143
**ki** see **qui**
**ki'n** = **qui + en** 145
**kis** see **querre**
**la** see **li**
**le** see **li**
**li** def. art. *the* 22; oblique sing. masc. **le (l')** 8, 16, 31, 34, 85, 86, 132; sing. fem. **la (l')** 17, 78, 145; oblique pl. masc. **les** 31
**les** see **li**
**lit** s.m. *bed* 31
**mais** conj. *but* 73, 147
**mal** adj. *evil* 95
**manche** s.m. and f. *handle;* pl. **manches** 67
**marmoset** s.m. *grotesque figure;* pl. **marmosez** 68
**me** see **je**
**mei** see **je**
**melz** adj. *better* 71
**menu** adj. *often* 53
**mercier** vb. *give thanks to;* indic. pres. 1 pl. **mercium** 85
**mercium** see **mercier**
**metre** vb. *place, put;* pp. **mis** 146
**mis** see **metre, mon**
**moines** s.m. *monk* 22
**molt** adj. *much* 85, 101
**moltun** s.m. *ram* 53
**mon** adj. *my;* nom. sing. masc. **mis** 147; oblique sing. masc. **mun** 89

**132 Old French Glossary**

**mun** see **mon**
**ne** conj. *and ... not* 105
**ne** neg. part. *not* 65
**nel** (**ne** + **le**; **le** = neut. pron.) *it* 65
**nevo** s.m. *nephew;* pl. **nevoz** 33
**nuit** s.f. *night* 17
**o** conj. *or* 8, 17
**oi** see **aveir**
**on** pron. indef. *one;* **l'on** 31
**ore** adv. *now* 30, 32; **or** 22
**out** see **aveir**
**par** prep. *by* 31; (cause) *because of* 95
**parent** s.m. *relative;* pl. **parenz** 33
**pas** neg. part. **ne ... pas** 65
**plen** adj. *full* 145
**plus** adv. *more* 53
**porte** see **porter**
**porter** vb. *carry;* indic. pres. 3 sing. **porte** 31
**preiez** see **priier**
**priier** vb. *beg, ask;* imper. **preiez** 143
**prïor** s.m. *prior* 8
**priveement** adv. *alone* 47
**prode** adj. *excellent* 60
**pur** prep. *because of* 65
**quant** conj. *when* 6, 47
**que** conj. *that* 31; *than* 53
**que** (51) see **qui**
**querre** vb. *ask after, seek;* pret. 1 sing. **kis** 89
**qui** pron. rel. *who;* nom. masc. sing. **ki** 12, 78, 145; nom. masc. pl. **ki** 36, 71; accus. masc. sing. **que** 51
**sa** see **son**
**saveir** vb. *know how;* indic. pres. 3 sing. **set** 66
**se (s')** conj. *if* 132, 142
**seignor** s.m. *lord, master;* nom. sing. **sire** 147; oblique sing. **seignor** 89
**set** see **saveir**
**si** adv. *such* 88
**son** possess. adj. *his;* oblique sing. masc. **son** 145, (stressed) **suen** 85; fem. **sa** 34
**sor** prep. *over* 12
**suen** see **son**

sui see estre
**tot** adj. *all;* oblique masc. pl **toz** 12
**trestut** adj. *all;* nom. masc. pl. **trestuit** 85
**un** indef. art. *a, an* 73, 103, 153
**unques ... ne** adv. *never* 88
**vasal** s.m. *young man* 73
**vedeir** vb. *see;* fut. 2nd pl. **verrez** 32
**venir** vb. *come* 32; pp. **venuz** 22
**venuz** see **venir**
**verrez** see **vedeir**
**vin** s.m. *wine;* pl. **vins** 30
**voldrent** see **voleir**
**voleir** vb. *wish;* indic. pres. 2nd pl. **volez** 6; pret. 3 pl. **voldrent** 71; imperf. subj. 3 sing. **volsist** 142
**volez** see **voleir**
**volsist** see **voleir**
**vos** pers. pron. *you;* nom. pl. 6